PARA ALÉM DA INTERDEPENDÊNCIA

A relação entre a economia mundial
e a ecologia da Terra

Jim MacNeill
Pieter Winsemius
Taizo Yakushiji

Para Além da Interdependência

A relação entre a economia mundial e a ecologia da Terra

Tradução
Álvaro Cabral

Jorge Zahar Editor
Rio de Janeiro

Título original:
Beyond Interdependence
(The Meshing of the World's Economy and the Earth's Ecology)

Tradução autorizada da primeira edição norte-americana,
publicada em 1991 por Oxford University Press, de Nova York, EUA.

Jorge Zahar Editor Ltda.
rua México 31 sobreloja
20031 Rio de Janeiro, RJ

Capa: Gustavo Meyer

Editoração eletrônica: Delta Line Composições e Edições Ltda.

Impressão: Tavares e Tristão Ltda.

ISBN: 0-19-507126-3 (ed. orig.)
ISBN: 85-7110-238-4 (JZE, RJ)

CIP-Brasil. Catalogação-na-fonte
Sindicato Nacional dos Editores de Livros, RJ.

MacNeill, Jim
M146p Para além da interdependência : o entrosamento entre a economia mundial e a ecologia / Jim MacNeill, Pieter Winsemius, Taizo Yakushiji ; tradução Álvaro Cabral. — Rio de Janeiro : Jorge Zahar Ed., 1992.

Tradução de: Beyond interdependence
Apêndices.
Dados biográficos sobre os autores.
ISBN 85-7110-238-4

1. Relações econômicas internacionais. 2. Política ambiental. 3. Desenvolvimento econômico - Aspectos ambientais. I. Winsemius, Pieter. II. Yakushiji, Taizo. III. Título

CDD - 337
92-0326 CDU - 338.984.4

Sumário

Siglas

ASEAN — Association of South East Asian Nations (Associação de Nações do Sudeste Asiático)
CARICOM — Caribbean Community (Comunidade do Caribe)
EC — European Communities (Comunidades Européias)
ECE — Economic Commission for Europe (U.N. Organization) (Comissão Econômica para a Europa) (Organização das Nações Unidas)
EFTA — European Free Trade Association (Associação Européia de Livre Comércio)
EPA — Environmental Protection Agency (Agência de Proteção Ambiental)
FAO — Food and Agricultural Organization (Organização de Alimentação e Agricultura)
GATT — General Agreement on Tariffs and Trade (Acordo Geral de Tarifas e Comércio)
G7 — Grupo dos Sete
IADB — Inter-American Development Bank (Banco Interamericano de Desenvolvimento, BID)
IEA — International Energy Agency (Agência Internacional de Energia)
IIASA — International Institute for Applied Systems Analysis (Instituto Internacional de Análise Aplicada de Sistemas)
IMF — International Monetary Fund (Fundo Monetário Internacional, FMI)
IPCC — Intergovernmental Panel on Climate Change (Painel Intergovernamental sobre Mudanças Climáticas)
ITTO — International Tropical Timber Organization (Organização Internacional de Madeiras Tropicais)
IUCN — International Union for the Conservation of Nature (União Internacional para a Preservação da Natureza)

NPT -- Non-Proliferation Treaty (Tratado de Não-Proliferação)
ODA — Official Development Assistance (Assistência Oficial ao Desenvolvimento)
OECD — Organization for Economic Cooperation and Development (Organização para a Cooperação e o Desenvolvimento Econômico, OCDE)
PACD — Plano de Ação para o Combate à Desertificação
PECC — Pacific Economic Cooperation Conference (Conferência de Cooperação Econômica do Pacífico)
PPP — Polluter Pays Principle (Princípio de Quem Polui Paga)
SAARC — South Asian Association for Regional Cooperation (Associação Sul-Asiática para Cooperação Regional)
SADCC — Southern Africa Development Coordination Conference (Conferência de Coordenação do Desenvolvimento na África Meridional)
TFAP — Tropical Forests Action Plan (Plano de Ação para as Florestas Tropicais)
UNCTAD — United Nations Conference on Trade and Development (Comitê das Nações Unidas para o Comércio e Desenvolvimento)
UNDP — United Nations Development Program (Programa de Desenvolvimento das Nações Unidas)
UNEP — United Nations Environment Program (Programa Ambiental das Nações Unidas)
UNESCO — United Nations Educational, Scientific and Cultural Organization (Organização das Nações Unidas para a Educação, Ciência e Cultura)
USAID — United States Agency for International Development (Agência dos Estados Unidos para o Desenvolvimento Internacional)
WCED — World Commission on Environment and Development (Comissão Mundial para o Meio Ambiente e o Desenvolvimento)
WEDF — World Environment and Development Forum (Fórum Mundial para o Meio Ambiente e Desenvolvimento)
WHO — World Health Organization (Organização Mundial de Saúde — OMS)
WMO — World Meteorological Organization (Organização Meteorológica Mundial, OMM)
WRI — World Resources Institute (Instituto de Recursos Mundiais)

Prefácio

Um tema importante em relatórios para a Comissão Trilateral, conforme foi articulado num dos nossos relatórios iniciais em 1974, enfatizou que "a crescente interdependência e a inadequação das atuais formas de cooperação constituem as principais características da ordem internacional contemporânea". A crescente interdependência econômica é o que, em grande maioria, tínhamos sobretudo em mente em tais discussões e relatórios. Jim MacNeill, Pieter Winsemius e Taizo Yakushiji pedem-nos, no presente relatório, que avancemos "para além da interdependência", em sua excessivamente estreita acepção econômica, e reconheçamos a "íntima ligação entre a economia do mundo e a ecologia da Terra".

Em parte, isso é uma particularidade de ordem física. Como MacNeill e seus co-autores brilhantemente demonstram, as atividades humanas tornaram-se tão gigantescas que, em muitos casos, estão na mesma escala de fundamentais processos naturais. Estamos perto de atingir e talvez ultrapassar limiares globais críticos. E, no entanto, os autores não usaram agora o velho argumento de *Limits to Growth* — um documento que o primeiro diretor da Comissão Trilateral, Zbigniew Brzezinski, classificou certa vez como um "manifesto pessimista". Os autores, pelo contrário, sublinham o "crescimento de limites" através de concentrados e urgentes esforços humanos. Em face do "imperativo de crescimento" evidente na pobreza material de grande parte da humanidade, a única alternativa razoável é o "desenvolvimento sustentável" — um conceito que Jim MacNeill tanto contribuiu para promover como Secretário Geral da Comissão Mundial sobre Meio Ambiente e Desenvolvimento (Comissão Brundtland) em seu decisivo relatório *Our Common Future* de 1987.

O principal tema deste relatório trilateral não é, porém, a questão física mas, antes, a questão estrutural e política. Essas questões estão corretamente deslocando-se para o centro da agenda política. A preparação deste relatório para a Comissão Trilateral — o nosso primeiro relatório tão integralmente concentrado nessas questões — é em si mesmo um reflexo dessa necessidade cada vez mais sentida de uma nova síntese, na medida em que todos procuramos articular as necessidades de uma política internacional central.

MacNeill, Winsemius e Yakushiji deixam bem claro, como tantos relatórios submetidos à Comissão Trilateral, o contexto global em que funcionam os principais países democráticos industrializados. Um dos numerosos e fecundos conceitos desenvolvidos neste relatório é o de "ecologias da sombra" (*shadow ecologies*) de países trilaterais. As atividades econômicas concentradas nas Comunidades Européias, América do Norte e Japão projetam uma "sombra ecológica" de extensão mundial, e precisamos pensar em termos mundiais quando avaliamos o nosso próprio desempenho ambiental. Uma questão concomitante é o argumento de MacNeill e seus co-autores segundo o qual esses pontos fornecem "crescentes meios de ação política" para os países em desenvolvimento:

> A participação ativa de países em desenvolvimento é essencial para o êxito de numerosas... negociações ora em curso, incluindo as relacionadas com mudanças climáticas. Como no caso dos CFCs e da exaustão de ozônio, quaisquer reduções nas emissões de combustível fóssil pelas nações industrializadas poderiam ser rapidamente anuladas por aumentos em meia dúzia de países em desenvolvimento. Somente a China, com uma das maiores reservas de carvão do mundo, planeja a construção, num futuro a médio prazo, de 200 novas usinas termelétricas alimentadas a carvão. Com essa espécie de poder negativo, os países não precisam ser ricos e militarmente fortes para influenciar o comportamento dos grandes Estados. O problema, como demonstra a experiência com o Protocolo de Montreal, não é que eles possam impedir a conclusão de um acordo mas que possam recusar-se a assinar, ratificar ou implementar um acordo, salvo se, e até que, as suas preocupações econômicas e outras tenham sido resolvidas.

Não só em meu próprio nome mas também no de Georges Berthoin, presidente europeu da Comissão Trilateral, e Usamu Yamashita, presidente japonês, recomendo este relatório a uma vasta gama de leitores nas regiões trilaterais e fora delas. Embora as opiniões expressas neste relatório sejam apresentadas pelos autores numa capacidade pessoal e não se proponham representar as da comissão ou de qualquer organização a que eles estejam associados, os presidentes da comissão esperam que o relatório contribua para a discussão e o tratamento esclarecido das questões abordadas. Um evento particularmente importante no horizonte é a "Eco-92" — a Conferência das Nações Unidas sobre Meio Ambiente e Desenvolvimento — a qual terá lugar no Rio de Janeiro em junho de 1992. MacNeill, Winsemius e Yakushiji voltam seus olhares para o encontro do Rio no capítulo final deste notável livro.

DAVID ROCKEFELLER
Presidente Norte-Americano
A Comissão Trilateral

Introdução

Em junho de 1992, líderes mundiais reunir-se-ão no Rio de Janeiro para a maior conferência de cúpula jamais realizada, a primeira verdadeiramente dedicada ao Estado da Terra. O presente livro de Jim MacNeill, Pieter Winsemius e Taizo Yakushiji fornece uma lúcida exposição das questões fundamentais que induziram a Assembléia Geral das Nações Unidas a convocar a conferência, assim como das muitas e difíceis questões políticas e substantivas que ela terá de enfrentar.

Os autores demonstram que o mundo avançou agora da interdependência econômica para a interdependência ecológica — e para uma interligação entre ambas. Argumentam de forma persuasiva que esse entrelaçamento da economia mundial e da ecologia da Terra "é a nova realidade do século, com profundas implicações para o formato das nossas instituições de governo, nacionais e internacionais". Oferecem uma estimulante análise das implicações dessa nova realidade desde um ponto de vista que combina amplitude de visão com experiência no tocante ao real poder decisório nos níveis supremos do governo, da indústria e das organizações internacionais. Não estou surpreendido, pois conheço-os a todos e tive o privilégio de colaborar estreitamente com o principal autor, Jim MacNeill, por mais de duas décadas. Ele foi um dos meus conselheiros quando exerci o cargo de secretário-geral da Conferência de Estocolmo sobre Meio Ambiente Humano, em 1972. Ambos fomos membros da Comissão Mundial sobre Meio Ambiente e Desenvolvimento e, como secretário-geral, MacNeill desempenhou um papel fundamental para dar forma e escrever-se *Our Common Future*, o relatório hoje histórico da Comissão. Ele agora assessora-me a caminho do Rio.

Este livro não poderia surgir em melhor oportunidade, com a aceleração dos preparativos para a Conferência de Cúpula sobre o Estado da Terra, a "Eco-92". Jamais uma conferência teve de enfrentar a necessidade de tomar uma tão vasta e importante gama de decisões — decisões essas que determinarão literalmente o destino da Terra. Pode assentar num certo número de pedras fundamentais, sobretudo a Conferência de Estocolmo sobre o Meio Ambiente Humano, a qual colocou as questões ambientais na agenda global, e o trabalho da Comissão Mundial sobre Meio Ambiente e Desenvolvimento. *Our Common Future*, hoje disponível em mais de 20 idiomas, desencadeou um debate global sobre desenvolvimento sustentável.

Vinte anos após Estocolmo, os líderes mundiais reunir-se-ão no Rio de Janeiro como resultado direto das recomendações da Comissão. O Rio sediará a maior conferência de cúpula jamais realizada, a qual terá capacidade política para produzir as mudanças básicas indispensáveis em nossas agendas econômicas nacionais e internacionais, e em nossas instituições de governo, a fim de garantir um futuro estável e sustentável para a comunidade mundial. Por volta do ano de 2012, essas mudanças devem estar plenamente integradas em nossa vida econômica e política, para que o mundo não seja forçado a enfrentar as crises cada vez mais profundas que resultarão inevitavelmente se não conseguirmos realizar a transição para a sustentabilidade.

Este livro amplia a análise da Comissão Mundial das complexas relações entre o meio ambiente e a economia, a transformação da política ambiental internacional (incluindo o crescente peso político do Sul) e as questões de mudança global. Leva em devida conta eventos recentes, incluindo a Segunda Conferência Mundial sobre Clima, em novembro de 1990, e a guerra no Golfo Pérsico em começos de 1991.

A "Eco-92" será solicitada a adotar uma agenda para o 21º século, estabelecendo um programa de trabalhos internacionalmente aprovado, o qual terá de incluir metas para o desempenho nacional e internacional em numerosas questões críticas. Essa "Agenda 21" não pode furtar-se à questão de reforma dos planos de ação que hoje se armam às pressas contra a economia e contra o meio ambiente. *Para Além da Interdependência* fornece a mais convincente argumentação em defesa dessa reforma tanto econômica quanto ambiental que me foi dado ler até hoje. A "Eco-92" será solicitada a dedicar-se à elaboração de novas convenções internacionais sobre mudanças climáticas, silvicultura e biodiversidade. Os autores apresentam com clareza algumas das opções-chave que serão levadas à mesa dos negociadores, e analisam o perigo de que os líderes sejam tentados a adotar convenções que não passem de molduras vazias, deixando para os seus sucessores as decisões árduas e o problema de encontrar as verbas que financiem as medidas de sustentabilidade. As opções são discutidas em algum detalhe, em conjunto com uma análise de seus prováveis custos, baseada nos mais recentes estudos. A "Eco-92" será solicitada a propiciar aos países em desenvolvimento o acesso a recursos financeiros adicionais, a fim de cobrir esses custos, e a tecnologias ambientalmente seguras que habilitem esses países a implementar as convenções e a integrar o meio ambiente em seu futuro desenvolvimento. Também será solicitada a considerar reformas profundas no sistema internacional.

A agenda para a conferência de cúpula parece ser uma pretensão exagerada e descabida, muito distante das realidades políticas existentes, sobretudo num tempo em que a atenção dos governos e dos povos está absorvida, pelo menos temporariamente, por crises prementes, como a do conflito no Golfo. Mas é improvável que isso abale a preocupação cada vez mais profunda a respeito do estado do meio ambiente. Como os autores sublinham, o uso da destruição ambiental como arma na guerra do Golfo pôde servir para realçar a crescente convicção de que os riscos ambientais geram a maior ameaça à nossa segurança comum e, na verdade, à nossa própria sobrevivência. A argumentação apresentada no sentido de que seja ampliado o conceito de segurança nacional de modo a incluir essas ameaças é convincente e torna a mensagem do livro imperativa nestes tempos críticos.

A "Eco-92" tem que ser um êxito. Não existe outra alternativa plausível. Os dirigentes ocidentais terão que encontrar recursos políticos para demonstrar essa liderança esclarecida. Eles podem iniciar a reestruturação das relações econômicas e políticas internacionais necessárias para reverter o trágico fluxo de capital dos países mais pobres para os mais ricos e para garantir aos países em desenvolvimento o acesso eqüitativo às tecnologias requeridas para servir de suporte ao desenvolvimento sustentável. O fracasso nessas duas áreas, como os autores enfatizam, significaria o fracasso da "Eco-92" e isso inutilizaria muito provavelmente as perspectivas de uma nova aliança global para assegurar o futuro do nosso planeta. *Para Além da Interdependência* deve oferecer uma sólida contribuição para o êxito da conferência de cúpula.

MAURICE STRONG
Secretário-Geral
Conferência das Nações Unidas
sobre Meio Ambiente e Desenvolvimento

1

O Imperativo de Crescimento e Desenvolvimento Sustentável

A derradeira década do século XX é um tempo de grandes promessas, grandes riscos e grande complexidade. Os acontecimentos estão acelerando simultaneamente em várias frentes — econômica, ecológica e política — e forçando a ocorrência de profundas mudanças nas relações entre pessoas, nações e governos.

As conquistas em bem-estar humano nas últimas décadas foram espantosas e, se continuarmos evitando um conflito em escala mundial, o potencial para futuros progressos é ainda mais excitante. Muitas tecnologias novas ou atualmente despontando em biologia, materiais, construção, monitoração de satélites e outras áreas oferecem grandes promessas para o aumento da produção de alimentos, o desenvolvimento de mais benignas formas de energia, elevação da produtividade industrial, conservação das reservas básicas de capital natural da Terra e administração do meio ambiente. Com as comunicações globais e um acesso cada vez maior à informação, as pessoas podem agora começar a exercer a responsabilidade pelo que ocorre em toda e qualquer parte do planeta.

Entretanto, os progressos passados foram acompanhados pelo enorme recrudescimento na escala de impacto humano sobre a Terra. Desde 1900, a população mundial mais do que triplicou. Sua economia cresceu 20 vezes. O consumo de combustíveis fósseis aumentou 30 vezes e a produção industrial 50 vezes. A maior parte desse crescimento, cerca de quatro quintos dele, aconteceu a partir de 1950. Uma elevada proporção do mesmo é insustentável. O capital básico da Terra, formado pelas florestas, espécies e solos que sustentam a vida, está sendo exaurido e suas águas potáveis e seus oceanos sofrem uma degradação em ritmo acelerado. Até mesmo a capa de ozônio que protege toda a vida dos raios solares mais letais está sendo lentamente consumida. E a Terra é agora ameaçada pela rápida elevação das temperaturas globais e dos níveis dos mares — maior, talvez, no próximo século do que nos 10.000 anos transcorridos desde a última era glacial.

A partir da II Guerra Mundial, os governos estiveram preocupados com a interdependência econômica, a conjugação de economias nacionais e regionais num sistema global. Mas o mundo avançou agora da interdependência econômica para a interdependência ecológica — e até, para além desta, para um entrelaçamento de ambas. Os sinais da Terra são inconfundíveis. O aquecimento global é uma forma de *feedback* do sistema ecológico terrestre para o sistema econômico do mundo. Outras formas são o buraco no ozônio, a chuva ácida na Europa, a degradação do solo na África e na Austrália, o desmatamento e a perda de espécies na Amazônia. Ignorar hoje um sistema é comprometer os outros. A economia mundial e a ecologia terrestre estão agora interligadas — "até que a morte as separe", para citar um dos líderes industriais do Canadá.[1] Esta é a nova realidade do século, com profundas implicações para o formato das nossas instituições de governo, tanto nacionais quanto internacionais. Suscita questões fundamentais acerca do modo como são tomadas as decisões econômicas e políticas, e suas implicações para a sustentabilidade.

A inversão da maré nas relações Leste-Oeste deve tornar mais fácil enfrentar essa nova realidade. Por mais de 40 anos, as questões mundiais foram dominadas pelo confronto entre Leste e Oeste. O objetivo de cada lado era conter a expansão do outro, e esse objetivo era perseguido ao enorme custo em recursos humanos e financeiros, e em oportunidades abandonadas. O fim da Guerra Fria fez surgir a possibilidade de que o dinheiro outrora usado para fins militares fosse canalizado para a cooperação construtiva entre as superpotências e seus aliados com vistas ao desenvolvimento internacional, à proteção do meio ambiente e à edificação de uma paz duradoura. Mas, em vez disso, a década de 1990 começou com a crescente preocupação a respeito da instabilidade política e econômica na Europa Central e Oriental (incluindo a União Soviética) e um importante conflito no Golfo Pérsico. Esses acontecimentos adiaram, pelo menos temporariamente, a possibilidade de novos e significativos recursos para as questões críticas de desenvolvimento e meio ambiente. Entretanto, a preocupação pública em torno do problema ambiental é intensa, e o contínuo declínio ecológico na União Soviética e na Europa Oriental, assim como o uso da destruição ambiental como arma no Golfo, poderão intensificar as pressões no sentido da ação.

As questões de desenvolvimento e meio ambiente estão começando a dar um novo formato ao tratamento dos problemas nacionais e internacionais, e poderão perfeitamente tornar-se ainda mais críticas durante as próximas duas décadas. Se a população humana duplicar de novo, a atividade econômica terá que aumentar de cinco a dez vezes a fim de habilitar essa população a satisfazer suas necessidades básicas e aspirações mínimas. As aspirações são tão importantes quanto as necessidades. Um aumento de cinco a dez vezes traduz-se por um novo e colossal ônus imposto à ecosfera e suscita a questão da sustentabilidade. Existirá, de fato, qualquer forma de multiplicação da atividade econômica cinco a dez vezes mais, sem que ela própria seja abalada e sem que comprometa irremediavelmente o futuro? Poderá o crescimento nessas ordens de grandeza ser administrado numa base sustentável? A questão da sustentabilidade tornou-se prioritária e central por força da aceleração dos acontecimentos. Ela preocupará governos, indústria e as nossas instituições de ensino superior em boa parte do próximo século.

Em junho de 1992, os líderes mundiais reunir-se-ão no Rio de Janeiro para a Conferência das Nações Unidas sobre Meio Ambiente e Desenvolvimento. O objetivo desse encontro de cúpula sobre o estado da Terra será desencadear uma gradual transição para formas de desenvolvimento mais sustentáveis. Que problemas serão enfrentados? Há soluções para todos eles? É possível tornar mais sustentável o desenvolvimento futuro? Qual é o custo da ação... e da inação? Podemos dispor de suficientes recursos políticos para agir? Estas e muitas outras questões serão abordadas nas páginas que se seguem.

O Imperativo de Crescimento

O mundo está na mais rápida seqüência de crescimento de toda a sua história. Como já mencionamos, é provável que a população duplique ao longo do próximo meio século. Os governos poderão agir a fim de estabilizar a população em níveis inferiores mas, com um terço da população do mundo com menos de 15 anos de idade, até os mais vigorosos programas não impedirão o rápido crescimento populacional e a necessidade concomitante de vastos aumentos de produção.

Qual a dimensão desse aumento? Se fossem empregadas as formas atuais de desenvolvimento, seria necessário um novo impulso que aumentasse em cinco a dez vezes a atividade econômica nos próximos 50 anos para satisfazer as necessidades e aspirações de 10 bilhões de pessoas.[2] Um tal aumento pode parecer colossal mas reflete a continuação de taxas de crescimento anual de 3,2% a 4,7%. Embora difícil de manter, os imperativos políticos tornam impossível para a maioria dos governos aspirar a menos do que isso. E alguns partidos de oposição podem prometer menos se o governo fracassar. De fato, em muitos países em desenvolvimento, essas taxas de crescimento dificilmente são suficientes para acompanhar as taxas projetadas de crescimento demográfico, quanto mais para se pensar em reduzir os níveis de pobreza.

Muitos governos, nos dias de hoje, não conseguem habilitar suas populações a satisfazer sequer suas necessidades mais básicas. Mais de 1,3 bilhão não têm acesso a água potável de confiança; 880 milhões de adultos são analfabetos; 770 milhões têm alimentação insuficiente para uma vida ativa de trabalho; e 800 milhões vivem em "pobreza absoluta", sem acesso sequer às necessidades mais rudimentares. A cada ano, 14 milhões de crianças — cerca de 10% do número de crianças nascidas anualmente — morrem de fome.[3]

Em parte, isso reflete o fato de que, durante os últimos 40 anos, o crescimento econômico concentrou-se no Norte. Com 25% — em breve serão 20% — da população do mundo, os países industrializados consomem cerca de 80% dos bens mundiais.[4] Isso deixa mais de três quartos da população mundial com menos de um quarto do seu produto. E o desequilíbrio está se agravando, com recrudescimento de tensões com o Sul e números crescentes de populações pobres e vulneráveis.

Para reduzir, em vez de aumentar, a pobreza em massa durante a primeira parte do próximo século, os países em desenvolvimento teriam de elevar sua renda *per capita* em 3% ao ano, no mínimo (ver Apêndice 1). Além disso, precisariam adotar políticas vigorosas a fim de reduzir as profundas e crescentes disparidades atuais de rendas. Um crescimento de renda *per capita* de 3% ao ano exigiria um crescimento global da renda nacional de cerca de 5% ao ano nos países em desenvolvimento da Ásia, 5,5% na América Latina, e 6% na África e Ásia Ocidental.

Durante as décadas de 1960 e 1970, muitos países nessas regiões registraram um crescimento dessa grandeza, e alguns ainda o mantêm. Na década de 1980, porém, a situação em muitos países em desenvolvimento mudou dramaticamente para pior, não apenas econômica mas também ecologicamente. O crescimento populacional suplantou o crescimento econômico e dois terços desses países experimentaram quedas na renda *per capita* que atingiram, em alguns casos, os 25%. As condições deterioradas de comércio, incluindo a instabilidade dos preços de "commodities" (café, algodão, açúcar, cereais, etc.), o crescente protecionismo nas economias de mercado desenvolvidas, e a estagnação dos fluxos de ajuda, tudo isso se combinou para concentrar as atenções mais nas crises a curto prazo do que no desenvolvimento a longo prazo.

Cruzando Limiares Críticos

Em face da natureza finita dos ecossistemas da Terra, devemos indagar se é realmente possível um crescimento econômico da ordem de grandeza requerida para o próximo meio século. Como se vê pelo Quadro 1, as economias da maioria dos países do Terceiro Mundo e de partes de muitos países industrializados baseiam-se em seus recursos naturais. Seus solos,

QUADRO 1. Dependência de Recursos numa Seleção de Países em Desenvolvimento

Economias	Produção Agrícola como Percentagem do PIB		Emprego na Agricultura como Percentagem de Emprego Total		Exportação de Produtos Primários como Percentagem de Exportações Totais	
	1965	1986	1965	1980	1965	1986
BAIXA RENDA						
Birmânia	35	48	64	53	99	87
China	39	31	81	74	54	36
Índia	47	32	73	70	51	38
Indonésia	56	26	71	57	96	79
Sri Lanka	28	26	56	53	99	59
Etiópia	58	48	86	80	99	99
Gana	44	45	61	56	98	98
Quênia	35	30	86	81	94	84
Nigéria	53	41	72	68	97	98
Tanzânia	46	59	92	86	87	83
RENDA MÉDIA						
Bolívia	23	24	54	46	95	98
Colômbia	30	20	45	34	96	82
Costa Rica	24	21	47	31	84	65
Tailândia	35	17	82	71	95	58
Senegal	25	22	83	81	97	71
Zimbabwe	18	11	79	73	71	64
MERCADO INDUSTRIAL						
Canadá	6	3	10	5	63	36
Japão	9	3	26	11	9	2
Espanha	15	6	34	17	60	28
Estados Unidos	3	2	5	4	35	24

Fonte: Compilado do Banco Mundial, *World Development Report*, 1988, Oxford University Press, 1988.

O setor agrícola é formado pela agricultura, exploração florestal, pesca e caça. Os produtos primários, além da agricultura, incluem combustíveis, minérios e metais.

florestas, atividades pesqueiras, espécies e águas constituem suas principais reservas de capital econômico. A superexploração e esgotamento dessas reservas pode proporcionar-lhes ganhos financeiros a muito curto prazo, mas resultará numa inevitável redução do seu potencial econômico a médio e mais longo prazos.

Mesmo nos atuais níveis de atividade econômica, há provas crescentes de que certos limiares globais críticos estão sendo atingidos, talvez suplantados. Os indícios provêm, em primeiro lugar, de uma comparação da escala total de fluxos de material e energia resultantes de atividades humanas com a escala dos correspondentes fluxos em sistemas naturais; e, em segundo lugar, da catalogação da natureza e magnitude das mudanças ambientais que são atribuíveis à atividade humana. Pessoas e sistemas naturais transportam e transformam imensas quantidades de carbono, nitrogênio e outros materiais, assim como de energia. As pessoas fazem isso através de atividades econômicas em grande escala, como agricultura, mineração, uso de energia e remoção de lixos. Os sistemas naturais fazem isso transformando a energia solar em crescimento e decomposição das plantas, e promovendo a circulação de materiais através das correntes atmosféricas e oceânicas.

Ao longo da história, a escala em que as pessoas transformaram energia e materiais tem sido minúscula em comparação com a natureza. Recentemente, porém, isso mudou e o relacionamento entre a sociedade humana e o planeta sofreu uma profunda transformação. As atividades humanas tornaram-se tão gigantescas que, em muitos casos, são da mesma escala que processos naturais fundamentais. Os produtos vegetais, o nitrogênio e o carbono fornecem os exemplos mais impressionantes. O homem toma ou transforma agora para seu uso quase metade do material vegetal fixado por fotossíntese em toda a superfície da Terra.[5] No que se refere ao nitrogênio, o homem fixa hoje quase tanto nitrogênio no meio ambiente quanto a natureza, em grande parte por causa dos fertilizantes artificiais.[6] Também estamos alterando o ciclo do carbono, tendo aumentado o conteúdo de dióxido de carbono da atmosfera em 25% nos últimos 130 anos. Atualmente, estamos colocando carbono na atmosfera à razão de cerca de 7 a 8 bilhões de toneladas por ano, aproximadamente 7% da troca total de carbono natural entre a atmosfera e os oceanos.[7]

Quando os processos humanos e naturais se avizinham de grandezas semelhantes, a desintegração de sistemas globais induzida pelo homem converte-se numa séria probabilidade. Há todas as razões para esperar que sejam observadas, numa escala crescente, síndromes complexas e possivelmente irreversíveis de degradação ambiental e, com efeito, é isso o que já começa sendo observado agora. Problemas de poluição que eram outrora locais, são hoje regionais e até globais em escala (por exemplo, a chuva ácida, envolvendo continentes inteiros na América do Norte e na Europa). Os efeitos ambientais que outrora pareciam simples e triviais adquiriram hoje características complexas e substanciais, alterando lentamente sistemas ecológicos que são críticos para o desenvolvimento econômico e para a própria vida (por exemplo, a dispersão de produtos químicos nos solos e nas águas, e sua concentração na cadeia alimentar). Episódios agudos de mudança reversível que antes se pensava afetar principalmente a geração corrente, verifica-se agora que afetam seriamente a saúde e o bem-estar de gerações ainda por nascer (por exemplo, substâncias químicas no tecido do corpo, exposição à radiação, a perda de recursos genéticos). Cidades e povoações que outrora cresceram em resposta à geração de emprego e acompanhando o desenvolvimento dos serviços básicos, estão agora explodindo nos países em desenvolvimento, engolfando de modo irrefreável a capacidade de oferta de empregos e serviços.[8]

A perda de florestas fornece um exemplo sombrio da escala e rapidez da transformação humana da superfície terrestre do planeta. Desde 1850, a cobertura florestal da Terra foi reduzida de 6 bilhões para 4 bilhões de hectares. Nas últimas quatro décadas, o ritmo de desmatamento registrou uma acentuada aceleração, sobretudo nos países em desenvolvimento (em sua maioria, países tropicais), onde se encontram cerca de 60% das florestas remanescentes. Há 40 anos, a Etiópia tinha uma cobertura florestal de 30%; há 12 anos, já tinha caído para 4%; hoje, talvez reste 1%. Até começos deste século, as florestas da Índia cobriam mais de metade do país. Hoje, estão reduzidas a 14%. Em 1961, as florestas da Tailândia cobriam 53% do país. Há 15 anos (1976), não chegavam aos 29% e continuavam decrescendo rapidamente. Em 1988, as florestas tropicais estavam desaparecendo a um ritmo calculado, muito por baixo, em mais de 20 milhões de hectares por ano, cerca da superfície total do Reino Unido. Só o Brasil pode estar perdendo anualmente mais de 8 milhões de hectares.[9]

Muitas das 24 das nações industrializadas mais avançadas da Europa Ocidental, América do Norte e Australásia (Japão, Austrália e Nova Zelândia) que pertencem à Organização para a Cooperação e o Desenvolvimento Econômico (OCDE) estão conhecendo uma perda florestal líquida através de uma combinação de superdesmatamento, má administração florestal e danos causados pela chuva ácida. O mesmo ocorre em todas as nações da Europa Oriental. As perdas florestais resultantes de chuva ácida são particularmente severas na Europa. Mais de 50 milhões de hectares (35%) das florestas européias estão danificados, mortos ou agonizantes. Em 1988, a Comissão Econômica para a Europa (CEE), das Nações Unidas, relatou que em 22 áreas (em sua maior parte nações),

30% ou mais das florestas estavam danificadas, e que em oito áreas (uma vez mais, nações na maioria das vezes), essa percentagem atingia os 50%.[10] As evidências ainda não estão todas avaliadas, mas vários relatórios mostram que os solos em partes da Europa estão ficando ácidos através das camadas onde antes estavam as raízes das árvores arrancadas.[11] Vastas regiões da Europa Ocidental e Oriental podem estar sofrendo uma acidificação irreversível, cujos custos corretivos poderiam estar fora do alcance econômico.[12]

Os efeitos destrutivos da perda de florestas sobre a ecologia e a economia são cada vez mais evidentes. A remoção de florestas nas terras altas está diretamente ligada às crescentes inundações nas baixadas e ao assoreamento de rios e represas. Esse é um problema cada vez mais sério em países desenvolvidos e em desenvolvimento, mas é especialmente agudo em áreas tais como as planícies do Paquistão, Índia e Bangladesh, onde o bem-estar de mais de 400 milhões de habitantes das terras baixas depende de como 46 milhões de montanheses administram suas terras. Também na Europa e na América do Norte o desmatamento pode deflagrar uma reação em cadeia que acarretará crescente erosão, assoreamento de rios e inundação de terras cultivadas e cidades nos vales. Muitos acreditam que a mais séria conseqüência do desaparecimento de florestas e outras terras virgens é a perda de habitat para espécies, e a destruição acelerada e irreversível da diversidade genética. Estimativas do número total de espécies na Terra variam de 5 a 30 milhões, com perdas por volta do ano 2000 avaliadas em 30% do total. Essa extinção em massa esbulha as gerações atuais e futuras de material genético a partir do qual se produzam medicamentos e com o qual se aperfeiçoem as variedades de culturas para torná-las mais resistentes a pragas, doenças e mudanças climáticas. O desmatamento também resulta numa libertação líquida de dióxido de carbono da vegetação e do solo, quando essas reservas de carbono sofrem queima e decomposição.

A perda de solos e a crescente escassez de água em face da escalada constante de necessidades mundiais de alimento fornecem um quadro igualmente sombrio. Uma área maior do que o continente africano e habitada por mais de 1 bilhão de pessoas está agora em risco de converter-se em deserto. Estudos recentes calculam que 6 a 7 milhões de hectares de terra de lavoura perdem-se anualmente para a erosão, e cerca de 1,5 milhão mais, em sua maior parte terra irrigada, perde-se para alagados, salinização e alcalinização. A população mundial aumenta em 90 milhões a cada ano; e a cada ano 25 bilhões de toneladas de solo arável são perdidos, aproximadamente a quantidade que cobre os campos de trigo da Austrália.[13] O consumo de água duplicou duas vezes, pelo menos, neste século e poderá duplicar de novo nas duas próximas décadas. Entretanto, em 80 países em desenvolvimento, com 40% da população mundial, a água já constitui uma séria limitação ao desenvolvimento. A degradação do solo e a escassez de água criaram milhões de refugiados e migrantes ambientais no mundo inteiro, acarretando vastos fluxos desestabilizadores através das fronteiras e desaguando nas já superpovoadas cidades do Terceiro Mundo. Em 1984-1985, havia 10 milhões desses refugiados, dois terços de todos os refugiados do mundo, concentrados nessas metrópoles.[14]

Talvez as mais ameaçadoras indicações do estresse ambiental induzido pelo homem são as mudanças que estão ocorrendo na atmosfera. Os clorofluorocarbonos (CFCs) e outros gases libertados pelo homem estão consumindo a camada protetora de ozônio, a qual serve para impedir que os nocivos raios ultravioletas do sol atinjam a superfície da Terra. Os CFCs também são um dos mais significativos "gases de estufa", cujas acumulações estão aumentando a capacidade de retenção de calor da atmosfera, ameaçando assim importantes perturbações do clima do mundo.

Em 1988, cientistas relataram que as concentrações globais médias de ozônio na estratosfera tinham decrescido cerca de 2% entre 1969 e 1986. O declínio variou por latitude e estação, mas as regiões mais densamente povoadas da América do Norte, Europa e do Oriente registraram um declínio anual de 3% e um declínio de 4,7% no inverno.[15] As conseqüências são ameaçadoras para a vida: a exposição à elevada radiação ultravioleta não só favorece o câncer de pele mas também reduz o rendimento das safras. Também ameaça os sistemas de sustento da vida oceânica por causa da sensibilidade do fitoplâncton aos raios ultravioletas.

Os gases de estufa provêm sobretudo de fontes naturais mas, como assinalamos, fontes criadas pelo homem tornaram-se sumamente significativas. Cerca de metade do aumento induzido pelo homem origina-se no dióxido de carbono (CO_2), o qual resulta principalmente da queima de combustível fóssil (carvão, petróleo, gás natural) e desmatamento (ver Quadro 2). Os CFCs usados em espumas, aerossóis, refrigerantes e solventes, são responsáveis por cerca de um quarto do efeito estufa induzido pelo homem. O metano (CH_4), proveniente de pântanos, brejos, arrozais, gado e combustíveis fósseis, é também um contribuinte significativo, assim como o óxido nitroso (N_2O) de fertilizantes, desmatamento e — uma vez mais — combustíveis fósseis. Outros elementos gasosos em quantidades diminutas incluem o monóxido de carbono (CO) e o ozônio (O_3).

Durante 160.000 anos, antes da Revolução Industrial, a quantidade de dióxido de carbono na atmosfera não excedia 280 partes por milhão. Nos milhares de anos anteriores a meados do século XIX, manteve-se em torno de 275ppm. A partir de então, porém, aumentou

QUADRO 2. Principais Gases de Estufa Afetados por Atividades Humanas

	Dióxido de carbono (ppmv)	Metano (ppmv)	CFC-11 (pptv)	CFC-12 (pptv)	Óxido nitroso (ppbv)
Concentração atmosférica pré-industrial (1750-1800)	280	0,8	0	0	288
Concentração atmosférica atual (1990)	353	1,72	280	484	310
Taxa atual de mudança/Ano	1,8 (0,5%)	0,015 (0,9%)	9,5 (4%)	17 (4%)	0,8 (0,25%)
Tempo de vida atmosférica (Anos)	(50-200)*	10	65	130	150
Contribuição atual para o efeito estufa (%)	55	15	17 (CFCs 11 & 12) 7 (outros CFCs)		6
Principais fontes	Combustíveis fósseis (carvão, petróleo, gás natural), desmatamento	Pântanos, arrozais, combustíveis fósseis, gado	Espumas, aerossóis, refrigerantes, solventes		Combustíveis fósseis, fertilizantes, desmatamento

Fontes: Intergovernmental Panel on Climate Change, *Climate Change: The Scientific Assessment*, Relatório preparado para o IPCC pelo Grupo de Trabalho I, Redatores: Houghton, Jenkins e Ephraums, Cambridge University Press, 1990.

*Não pode ser indicado um só valor por causa do modo complexo como o CO_2 é absorvido pela biosfera e pelos oceanos.

Ppmv = partes por milhão por volume; ppbv = partes por bilhão por volume; pptv = partes por trilhão por volume.

para 350ppm e está atualmente crescendo à razão de 1,8ppm ou 0,5% ao ano. As concentrações dos outros gases de estufa também estão aumentando: o metano a 1% ao ano, os CFCs a 4% e o óxido nitroso a 0,25% ao ano.

De acordo com os atuais conhecimentos científicos, o aumento dos gases causadores do efeito estufa desde a década de 1850 deve ter causado uma elevação de 0,3 a 0,7 grau Celsius na temperatura global média até a data e uma perspectiva de comprometimento de 0,7 a 1,5 grau centígrado no futuro. Essa distinção é importante, porque o aquecimento da Terra é um processo lento, devido principalmente ao efeito dos oceanos. Em sua recente avaliação científica, o Painel Intergovernamental sobre Mudanças Climáticas (IPCC) projetou aumentos em todas as emissões de gases de estufa durante o próximo século, adotando vários cenários de atividade econômica. Se não forem tomadas medidas para limitar as emissões de gases de estufa, ou seja, se continuarmos com "o negócio como de costume", as temperaturas médias globais aumentarão entre 2,6 e 5,8 graus Celsius no próximo século, e os níveis dos mares elevar-se-ão entre 30 e 100 centímetros, ou até um metro.[16]

Isso não reflete todo o possível aquecimento global e elevação do nível dos mares no século XXI. Em 1987, um seminário de especialistas avaliou a incerteza associada às taxas de mudança de temperatura e elevação do nível dos mares. Suas estimativas, as quais são baseadas em cenários ligeiramente diferentes dos empregados pelo IPCC, são apresentadas nas Figuras 1.1a e b.[17] Em cada caso, o cenário médio reflete uma continuação das atuais tendências de emissão, exceto para os CFCs, onde os especialistas admitiram a implementação efetiva do Protocolo de Montreal de 1987 da Convenção de Viena sobre a Proteção da Camada de Ozônio.[18] O cenário superior representa a mudança que poderia resultar de uma expansão radical no uso de combustíveis fósseis e outras atividades que emitem gases de estufa. O cenário inferior representa as mudanças que poderiam resultar de um vigoroso esforço global para reduzir as emissões de gases causadores do efeito estufa. Quanto às taxas de mudança de temperatura, as estimativas variam entre uma taxa baixa de 0,06 grau Celsius por década e uma taxa elevada de 0,8 grau por década, com um cenário médio de 0,3 grau. No que se refere às taxas de elevação do nível do mar, as estimativas correspondentes vão desde uma queda de 1 centímetro por década até uma elevação de 24 centímetros por década, com um cenário médio de 5,5 centímetros por década.[19]

Essas acentuadas variações refletem as incertezas associadas aos futuros padrões de uso de combustível fóssil, taxas de desmatamento e outras atividades que resultam em emissões de gases de estufa. Também retratam a resposta dos sistemas climáticos a um determinado nível de

FIGURA 1.1 Cenários de elevação de temperatura e nível do mar: (a) mudança de temperatura global (°C); (b) mudança global do nível do mar (cm)

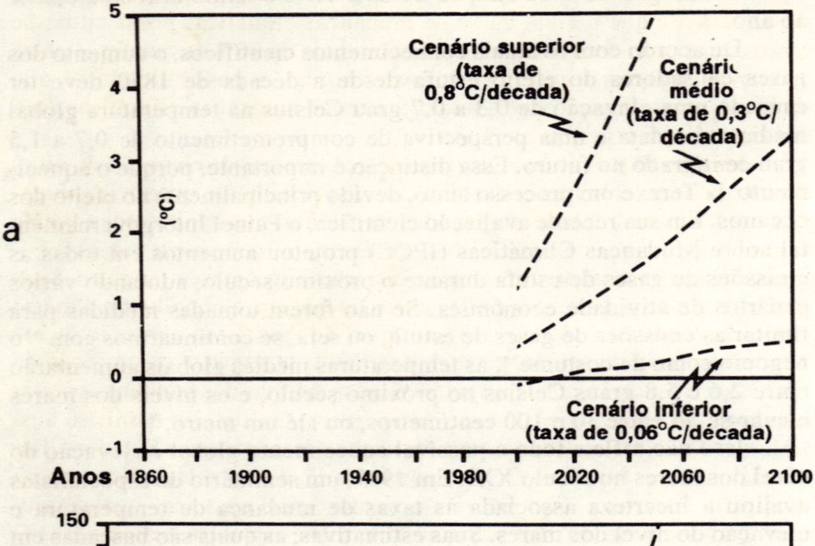

Fonte: Jill Jaeger, "Developing Policies for Responding to Climate Change," um resumo das discussões e recomendações do seminário realizado em Villach, 28 de setembro-2 de outubro de 1978, e Bellagio, 9-13 de novembro de 1987, sob os auspícios do Instituto Beijer, Estocolmo. Organização Meteorológica Mundial e Programa da ONU para o Meio Ambiente, abril de 1988, pp. 4-5. Cortesia da Organização Meteorológica Mundial.

emissões de gases de estufa, mas não incluem a incerteza resultante de todos os possíveis *feedbacks* no sistema climático em conseqüência do aquecimento global.[20] Na opinião dos especialistas, há uma probabilidade de 50% de que o atual curso de mudanças climáticas possa situar-se abaixo do cenário médio, e uma probabilidade de 90% de que fique entre as curvas superior e inferior. Subsiste, porém, a possibilidade de que circunstâncias imprevistas possam acarretar mudanças climáticas fora das curvas apresentadas nas figuras.

Mesmo umas escassas dezenas de centímetros de elevação do nível do mar podem ter sérias conseqüências, especialmente quando conjugadas com a possibilidade de grandes vagas durante tempestades (ver a Figura 1.2). As nações do Caribe, por exemplo, dependem substancialmente de suas praias para emprego e intercâmbio com o estrangeiro. Suas praias, em média, têm apenas 20 metros de largura, e encolherão 1 metro por cada centímetro de elevação no nível do mar. Uma elevação de até 1 metro no final do século, perto da extremidade superior da projeção do IPCC, seria catastrófica para muitas nações. Muitas das pequenas nações insulares poderiam virtualmente desaparecer. O Primeiro-Ministro australiano Bob Hawke ofereceu aos residentes de numerosos Estados-ilhas ameaçados no Pacífico Sul a oportunidade de se restabelecerem na Austrália. Outros países poderiam perder áreas costeiras que sustentam grande parte de sua população e infra-estrutura econômica. O aumento projetado nos níveis de temperatura e do mar não pára, é claro, no final do século. Ele continuará, a menos que os governos possam mobilizar os recursos políticos requeridos para instituir vigorosas medidas de limitação.

Uma elevação de 1,5 a 2,0 metros alagaria 20% da terra de Bangladesh, inundaria a maior parte das ilhas Maldivas e ameaçaria quase metade da população e da produção econômica da Tailândia. O relatório de uma força-tarefa dos primeiros ministros da Comunidade Britânica, concluído em 1989, menciona os "extensos efeitos sociais e econômicos sobre as áreas baixas na Guiana... Kiribati, Tavalu e outros países da Comunidade... Eles enfrentam a perspectiva não só de inundações provocadas pelo mar e maiores riscos resultantes de vagalhões de tempestade, mas alagamentos mais profundos nas planícies do interior... Há implicações potenciais... para a agricultura; o suprimento de água potável ameaçado de salinização; o assoreamento aluvial de cidades, fábricas, usinas elétricas e aeroportos; e problemático recolhimento de lixos."[21]

O aquecimento global também aumentará a probabilidade de severas estiagens nas mais importantes áreas centrais, por seu significado para a economia agrícola, da Austrália, Europa, América do Norte e União Soviética, desorganizando regiões que fornecem uma vasta pro-

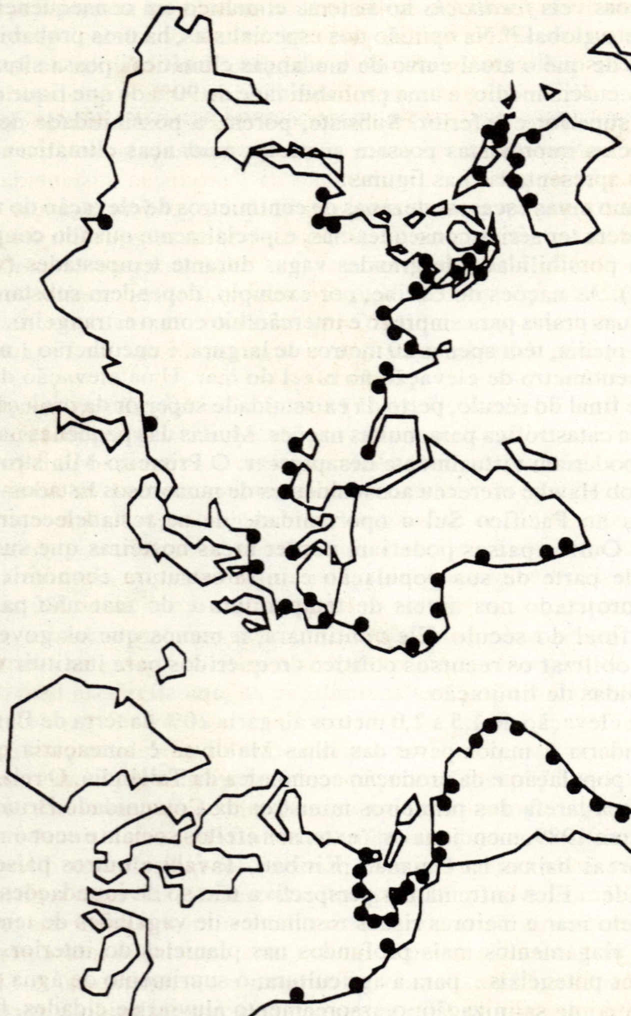

FIGURA 1.2. Áreas costeiras vulneráveis à elevação do nível do mar.

Fonte: Delft Hydraulics, Holanda.

porção das safras de cereais do mundo. As mudanças no ciclo hidrológico podem tornar investimentos de bilhões de dólares na administração de águas e em projetos hidrelétricos prematuramente obsoletos. As mudanças climáticas colocam em dúvida a viabilidade econômica de investimentos no valor de centenas de bilhões de dólares hoje planejados na suposição implícita de padrões climáticos estáveis. As mudanças nos padrões de temperatura e de precipitação podiam abalar totalmente os elaborados planos para a administração da "produção sustentada" de florestas, uma vez que as mudanças climáticas podem avançar mais depressa do que algumas espécies florestais podem migrar. Em seu todo, a mudança climática poderia provocar um "deslocamento econômico e social potencialmente severo... que agravará as tensões internacionais e aumentará os riscos de conflitos entre nações e dentro delas. Essas... mudanças podem redundar numa grave ameaça não-militar à segurança internacional e ao futuro da economia global."[22]

Conforme indicado pelas Figuras 1.1a e b, existem incertezas substanciais acerca das taxas projetadas de aquecimento global e elevação do nível do mar. Há discordância quanto à adequação da base dos dados, o significado da omissão de uma conjugação realista oceano-atmosfera nos modelos, as defasagens entre as mudanças na concentração atmosférica dos gases de estufa e as mudanças no clima, o *feedback* proveniente das nuvens (as quais poderiam aumentar ou diminuir a taxa de aquecimento), e se o registro de temperaturas dos últimos 100 anos já mostra ou não o aquecimento de estufa. Mas a ciência básica não é discutida. As propriedades de retenção do calor dos gases de estufa são sobejamente conhecidas e sua acumulação na atmosfera está bem documentada.

Há boas razões para levar muito a sério os modelos atmosféricos. Eles foram testados quanto à sua capacidade para prever grandes mudanças climáticas, e tiveram um bom desempenho. Prevêem com exatidão as variações sazonais no clima entre os hemisférios setentrional e meridional, e são ainda mais precisos na previsão dos radicalmente diferentes climas de Vênus e Marte. Mais significativamente, talvez, o registro da história climática da Terra que pode ser reconstituído a partir das provas fornecidas por fósseis e geleiras mostra uma correlação quase perfeita entre a concentração de dióxido de carbono e a temperatura. A Figura 1.3 mostra o registro de CO_2 e temperatura reconstituído a partir de bolhas de ar retidas no miolo de um bloco de gelo antártico.

A incerteza é uma espada de dois gumes. A presença de incerteza na faixa de 2,6 a 5,8 graus, e mesmo na faixa mais ampla reproduzida nas Figuras 1.1a e b, significa que a mudança climática pode ser menor e ocorrer mais tarde do que pensamos, como asseveram os adeptos da teoria da inação; mas também significa que pode ser maior e chegar mais

FIGURA 1.3. Dióxido de carbono e mudança de temperatura.

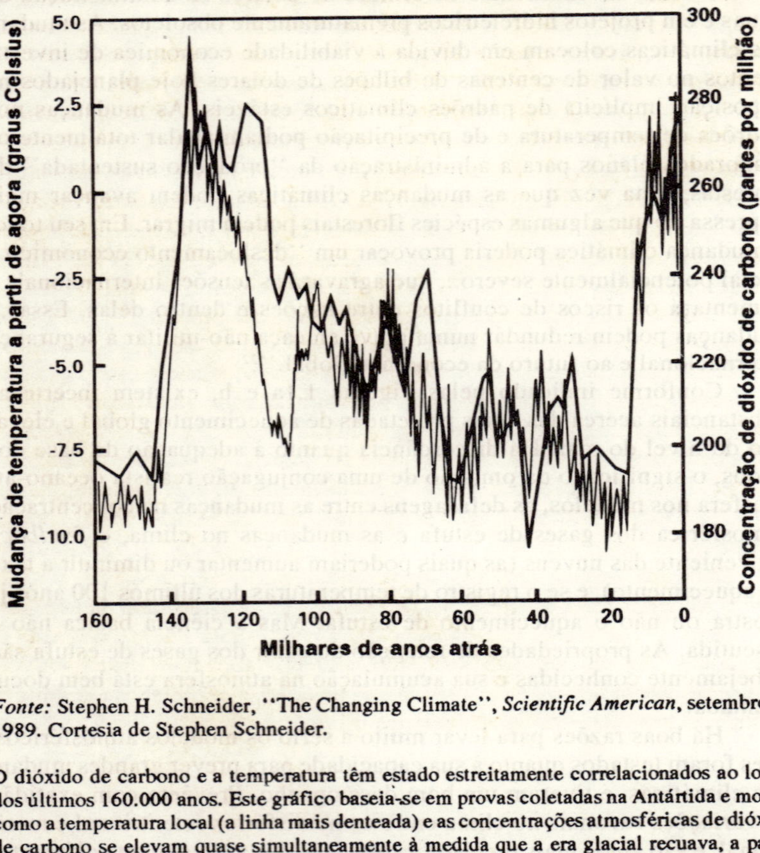

Fonte: Stephen H. Schneider, "The Changing Climate", *Scientific American*, setembro de 1989. Cortesia de Stephen Schneider.

O dióxido de carbono e a temperatura têm estado estreitamente correlacionados ao longo dos últimos 160.000 anos. Este gráfico baseia-se em provas coletadas na Antártida e mostra como a temperatura local (a linha mais denteada) e as concentrações atmosféricas de dióxido de carbono se elevam quase simultaneamente à medida que a era glacial recuava, a partir de uns 130.000 anos atrás, declinam quase em sincronia no começo de um novo período glacial, e voltam a subir quando a idade do gelo se retirou há cerca de 10.000 anos.

cedo, como foi o caso dos modelos que previram as taxas de exaustão do ozônio estratosférico. Uma incerteza científica não pode ser usada como motivo para a inação. É irresponsável focalizar os resultados "piores" a fim de justificar urgentes e importantes mudanças de orientação; mas é igualmente irresponsável focalizar os "melhores" resultados para justificar uma complacente postura de "aguardemos para ver o que acontece".

Assumimos riscos gigantescos se continuarmos aumentando as concentrações de gases de estufa à taxa atual e, em face da incerteza, o prudente caminho a seguir consiste em adotar cedo alguma ação na esperança de interromper a tempo os piores resultados possíveis. A alternativa imprudente é não fazer nada, aguardando uma completa confirmação dos modelos. Um recente estudo do Banco Mundial declara: "Quando se enfrenta riscos que poderão ser ameaçadores, cumulativos e irreversíveis, a incerteza argumenta fortemente em favor de uma ação prudente e contra a complacência."[23] O IPCC calcula que uma redução de mais de 60% nas emissões de dióxido de carbono seria necessária para estabilizar as concentrações atmosféricas nos níveis de 1990. Ainda maiores reduções de CFCs (70-85%) e de óxidos nitrosos (70-80%) seriam requeridas, juntamente com uma redução menor (15-20%) no metano.[24] As medidas necessárias para obter-se uma redução nas emissões de dióxido de carbono e óxidos nitrosos pelo combustível fóssil são muito conhecidas e poderiam ser amplamente justificadas pelas reduções na poluição do ar e na chuva ácida que se seguiria, bem como pelos aumentos em eficiência macroeconômica. As nações industrializadas já concordaram em retirar gradualmente do mercado a maioria dos CFCs até 2000 mas, por enquanto, não sabemos ainda como reduzir o metano.

Para que sejam efetivas, as medidas para reduzir CFCs e CO_2 devem ser iniciadas agora, e as pesquisas sobre o metano devem ser aceleradas. Os sistemas físicos e políticos envolvidos são gigantescos e complexos. Haverá longos hiatos entre uma mudança na retórica política e qualquer mudança real nos programas de ação, e entre estes e qualquer efeito concreto nas taxas de mudança climática.

Condições para Formas de Desenvolvimento Mais Sustentáveis

O contraste entre a escala das necessidades de desenvolvimento do mundo e a evidência dos limites ambientais da Terra apresenta um paradoxo aos governos. O crescimento requerido nas próximas décadas para satisfazer necessidades e aspirações humanas traduz-se num novo e colossal ônus para a ecosfera. Se, por exemplo, as nações fossem empregar as formas correntes de desenvolvimento energético, o fornecimento de energia teria que quintuplicar nos países em desenvolvimento, com suas populações atuais, a fim de atingirem o nível de consumo hoje predominante no mundo industrializado.[25] Fatores semelhantes podem ser citados para alimento, água, habitação e outras necessidades básicas da vida. Os sistemas críticos de sustentação da vida entrariam provavelmente em colapso muito antes desses níveis serem alcançados.

Pode o crescimento na escala necessária para satisfazer necessidades e aspirações futuras ser administrado numa base que seja sustentável? Esta questão, a questão da sustentabilidade, tornou-se prioritária e central por força da aceleração dos acontecimentos. As respostas a ela não são evidentes. O horizonte pode refulgir com oportunidades tecnológicas, mas os obstáculos à sustentabilidade não são principalmente técnicos: são sociais, institucionais e políticos. Dadas as coações para baldar quaisquer esforços de mudança social, institucional e política, ninguém pode excluir um futuro de progressivo colapso ecológico. Os Quatro Cavaleiros do Apocalipse — guerra, fome, peste e morte — estão galopando em regiões da África, Ásia e América Latina, e certamente permanecerão ativos, acicatados pela pobreza e a ganância, e pelos fracassos políticos e institucionais. As ameaças à paz e segurança das nações em decorrência do colapso ambiental estão aumentando em ritmo assustador. Conflitos baseados em mudança climática, deterioração ambiental e escassez de água e outros recursos poderiam tornar-se endêmicos no mundo do futuro.

A superação dos obstáculos ao desenvolvimento sustentável exigirá visão política e coragem nas mudanças programáticas e institucionais numa escala não vista neste século desde o pós-Segunda Guerra Mundial. O conceito de "desenvolvimento sustentável" — não o tipo de desenvolvimento que domina hoje, mas o desenvolvimento baseado em formas e processos que não abalem a integridade do ambiente de que dependem — pode fornecer o necessário guia para essa visão, assim como uma abordagem pragmática do paradoxo de crescimento e limites.

Acrescentar a condição de sustentabilidade à meta de desenvolvimento pode parecer afirmar o óbvio. Com efeito, as teorias de desenvolvimento econômico sempre enfatizaram a manutenção e acumulação de capital através do investimento, o que é, implicitamente, uma exígua condição de sustentatibilidade. Mas o ritmo projetado de mudança global indica que um conjunto muito mais amplo de condições globais deve ser alcançado se quisermos que o desenvolvimento seja sustentável. A Comissão Mundial para o Meio Ambiente e o Desenvolvimento (WCED) apresentou um certo número de tais condições, a que se referiu como "imperativos estratégicos para o desenvolvimento sustentável". Foram incluídos: crescimento suficiente para satisfazer as necessidades e aspirações humanas e uma distribuição mais eqüitativa dos frutos do crescimento dentro e entre nações; as nossas reservas em declínio de capital ecológico devem ser conservadas e aumentadas, e o montante de energia e de recursos naturais contido em cada produto deve ser reduzido; e, sobretudo, o ambiente e a economia devem ser integrados em todas as nossas principais instituições detentoras de poder decisório — governo, indústria e família (ver Apêndice 2).

Além disso, a WCED sublinhou que o desenvolvimento sustentável depende de um sistema político que assegure a efetiva participação dos cidadãos na tomada de decisões (por outras palavras, direitos humanos e democracia), um sistema econômico capaz de gerar excedentes numa base sustentável, e um sistema administrativo que seja flexível, com uma capacidade intrínseca de autocorreção. A produtividade dos ecossistemas e a dinâmica ambiental também devem ser mantidas. Além das mudanças nos métodos e processos de tomada de decisão, isso exigirá novas e melhores tecnologias na maioria dos campos. Os principais limiares globais devem ser evitados por confortáveis margens, tomando em consideração a nossa ignorância e acautelando-nos contra choques externos. E essas condições devem ser satisfeitas em escalas espaciais mais vastas e em escalas temporais mais extensas do que aquelas que as nossas instituições gerenciais até agora desenvolveram capacidade para enfrentar. Uma capacidade científica muito mais desenvolvida é imperativa para prever e controlar riscos.[26]

De momento, os governos estão caminhando na direção errada, no tocante a uma distribuição mais eqüitativa dos produtos do crescimento entre e dentro de nações. Como o Quadro 3 ilustra, a dívida acumulada dos países em desenvolvimento suplantou 1 trilhão de dólares em 1986, e os pagamentos de juros excedem agora 70 bilhões de dólares por ano. As transferências líquidas de capital para os países em desenvolvimento tornaram-se negativas em 1982. As nações mais pobres transferiram mais de 50 bilhões de dólares para as nações mais ricas em 1989.[27] E isso é apenas o que o Banco Mundial conta. Além disso, os padrões de comércio de hoje contêm uma transferência maciça dos custos ambientais do PNB mundial para as economias baseadas em recursos dos países em desenvolvimento. Esses custos foram estimados em 14 bilhões de dólares por ano em 1980 (levando em conta somente a poluição mas não a exaustão de recursos), o que correspondia a cerca de metade da assistência para o desenvolvimento que então fluía na outra direção.[28] A situação agravou-se muito na década passada. Entretanto, acabamos de testemunhar uma rodada inteira de negociações para reformar o Acordo Geral sobre Tarifas e Comércio (GATT), que aconteceu no Uruguai, sem qualquer discussão séria do meio ambiente.

Os governos também estão retrocedendo na política demográfica. Um planeta sustentável depende de uma rápida e significativa redução nas elevadas taxas de crescimento populacional, tanto em países ricos quanto nos pobres. A questão não se reduz simplesmente ao número de pessoas, pois uma criança nascida num país rico, industrializado, é muito

QUADRO 3. A Deterioração da Posição Financeira de Países em Desenvolvimento, Montante da Dívida dos Países em Desenvolvimento e Fluxos Financeiros Associados, 1980-89 (bilhões de dólares)

	1980	1981	1982	1984	1986	1988	1989*
Total do montante da dívida (final do ano)	572	753	819	855	1047	1156	1165
Total de fluxos da dívida							
1. Desembolsos	112	124	108	97	103	108	111
2. Pagamento do principal	46	49	46	50	76	88	86
3. Fluxos líquidos (1-2=3)	66	75	62	47	27	20	26
4. Pagamentos de juros	47	68	65	69	65	72	77
5. Transferências líquidas 1-2-4 = 5	**+19**	**+6**	**-2**	**-22**	**-38**	**-52**	**-52**

Fonte: Banco Mundial, "World Debt Tables, 1989-90, External Debt of Developing Countries," Vol. 1: Analysis and Summary Tables, p. 78, The World Bank, 1989, Washington, DC.

*Projetado

mais onerosa para o planeta do que a nascida num país pobre. O mundo industrializado concluiu que o desenvolvimento conjugado com o acesso ao planejamento familiar é o melhor meio de controle populacional. Taxas negativas de crescimento demográfico foram obtidas até mesmo onde o desenvolvimento e o planejamento familiar foram acompanhados de urbanização, níveis crescentes de renda, melhor educação e emancipação da mulher. Na década de 1990, entretanto, 3 bilhões de jovens — aproximadamente igual à população do mundo em 1960 — ingressarão nos anos de procriação, a maioria deles sem acesso a meios confiáveis de controle de natalidade.[29] Apesar disso, algumas nações ocidentais estão reduzindo em vez de aumentar suas contribuições para programas populacionais e restringindo em vez de facilitar a distribuição de novas tecnologias de planejamento familiar. Algumas estão até apoiando programas de fertilidade! Se os países ocidentais e, em particular, os Estados Unidos, não fornecerem maciçamente um crescente apoio financeiro e político para os programas populacionais, é muito improvável que se possa reverter as atuais e insustentáveis taxas de crescimento demográfico.

Uma condição crítica para o desenvolvimento sustentável é a manutenção de um estoque básico de capital natural de uma comunidade ou de uma nação. É isso uma condição razoável? Podem as economias em expansão do mundo começar a viver à custa dos ganhos gerados pelo estoque de recursos renováveis da Terra sem necessidade de recorrer ao seu capital? Não há dúvida de que, de momento, as nações estão consumindo seu capital natural num ritmo acelerado, mas a questão fica em aberto. Se o uso do capital econômico básico da Terra tem que ser harmonizado com a capacidade dos sistemas naturais para gerá-lo, então os governos precisarão aumentar por muitas ordens de grandeza seu apoio a estratégias que visem reduzir a poluição, proteger e preservar reservas críticas de capital natural, restaurar e reabilitar aqueles bens patrimoniais que já foram delapidados.

O que é que essa condição significa para os recursos não-renováveis, onde a extração e o uso devem reduzir o capital disponível? Supõe-se com freqüência que a oferta limitará, em última instância, o uso de recursos não-renováveis. Pode ser esse o caso para alguns recursos não-renováveis mas, para outros, como o carvão, parece mais provável que o seu uso venha a ser limitado por seus impactos negativos sobre recursos renováveis: solos, águas, florestas e a atmosfera. Cada vez mais, portanto, a extração, uso e eliminação de recursos não-renováveis terão que levar em conta seus impactos sobre os recursos renováveis. As taxas de exaustão de recursos não-renováveis também devem considerar o nível crítico do recurso, a disponibilidade de tecnologias para minimizar a exaustão e a probabilidade de acesso a substitutos.

Se as nações querem parar a sangria em seus estoques básicos de capital ecológico, os governos precisarão reformar aqueles programas de ação pública que hoje encorajam francamente o hediondo *de-*: *de*smatamento, *de*sertificação, *de*struição de habitat e espécies, *de*clínio da qualidade do ar e da água. Virtualmente, todos os governos adulam hoje o mercado. E depois intervêm para distorcê-lo das maneiras que reputarem politicamente convenientes. Subsídios, abatimentos de impostos, incentivos fiscais, preços subsidiados, tarifas e quotas de todas as espécies podem distorcer os preços e os padrões de comércio de uma forma que é economicamente perversa e encoraja as modalidades insustentáveis de desenvolvimento. Com freqüência, não só manipulam o mercado contra a economia mas também contra o meio ambiente e, em última análise, contra o próprio desenvolvimento.

Vejamos, por exemplo, o desmatamento. As florestas em países em desenvolvimento estão sendo rapidamente convertidas, devido a concessões fiscais, "arrendamentos para amigos" e subsídios diretos que encorajam o crescente cultivo da terra, a criação de pastagens para a produção pecuária, a produção de madeira e a exportação. Em alguns países desenvolvidos, os incentivos para a expansão da produção de madeira são muito poderosos, e os programas de plantio de árvores, que raramente são bem financiados, não podem começar sequer a competir.[30]

A agricultura fornece-nos um quadro semelhante. Os contribuintes e consumidores dos 24 países membros da OCDE gastam mais de 250 bilhões de dólares por ano em subsídios agrícolas. Esses subsídios não só encorajam os agricultores a gastar seu capital agrícola básico — solos, água e árvores — mas também promovem a superprodução. Isso, por sua vez, origina os pedidos de proteção comercial e subsídios à exportação para permitir que alimentos sejam desembarcados a preços baixos em países em desenvolvimento, assim debilitando também a agricultura desses países. Uma vez mais, exíguos e subfinanciados programas de conservação do solo e da água são excessivamente débeis para competir com esses subsídios e a prática do "dumping".[31]

A energia apresenta um outro caso pertinente. Em muitos países da OCDE, as fontes convencionais de energia — carvão, petróleo e nuclear — atraem enormes subsídios em vários pontos nos seus ciclos de desenvolvimento, desde a pesquisa, passando pela exploração, construção, produção, transporte e uso, até à eliminação de resíduos e lixos.[32] Só nos Estados Unidos, o total de subsídios à energia foi estimado em mais de 40 bilhões de dólares anuais.[33] Uma vez mais, as tecnologias de boca de chaminé para melhorar a segurança ou reduzir as emissões, quando se lhes tem acesso, não podem começar sequer a competir com os efeitos opostos desses gigantescos subsídios diretos e indiretos. Intervenções governamentais econômica e ecologicamente perversas no mercado são discutidas em maior detalhe no capítulo 2.

Uma outra condição para o desenvolvimento sustentável diz respeito à natureza da produção. Para que as taxas de crescimento de 3,2 a 4,7% sejam mantidas, será necessária uma rápida e significativa redução no conteúdo de energia e de matéria-prima de cada unidade de produção. Essa condição questiona uma velha suposição sobre o que constitui uma economia "saudável". A maioria dos governos, grandes empresas e eleitores pressupõe que uma economia saudável é aquela que usa quantidades crescentes de energia, materiais e recursos para produzir mais bens, mais empregos e mais renda. Essa suposição ainda domina a política energética, agrícola e outros setores de recursos. É um remanescente da economia de massa da idade industrial, a qual foi marcada por uma expansão ininterrupta na produção de energia, exaustão de recursos naturais e degradação do meio ambiente. Durante as duas últimas décadas, mudanças econômicas e tecnológicas resultaram num nivelamento ou numa redução absoluta da demanda de energia e de alguns materiais básicos por unidade de produção.[34] O elo entre o crescimento e seu impacto sobre o meio ambiente também foi eliminado. Uma nova economia começou emergindo, mais eficiente e potencialmente mais sustentável, marcada por pessoas que produzem mais bens, mais empregos e mais renda — mas usando menos energia e recursos por unidade de produção, e mais informação e inteligência (ver a Figura 1.4).

A transformação para uma economia mais eficiente é o resultado de uma complexa combinação de fatores, tais como novas tecnologias e mudanças nas relações históricas entre capital, trabalho e recursos. Em nenhum setor isso foi mais acentuado quanto no energético. Depois do primeiro choque do petróleo, entre 1973 e 1983, as 24 nações da OCDE melhoraram sua produtividade energética em média em 1,3% ao ano. Antes do último choque do petróleo, quando os preços caíram abruptamente, alguns países, incluindo o Japão e a Suécia, registraram aumentos de produtividade de mais de 2% ao ano.[35] As mesmas tendências são evidentes em muitas outras áreas, como água, aço, alumínio, cimento e certos produtos químicos.[36]

A transformação foi mais evidente nas economias de mercado abertas a mudanças. As indústrias, pressionadas pelos crescentes custos de energia, materiais e capital, descobriram que poderiam inventar pro-

FIGURA 1.4. Melhorias na intensidade e eficiência energéticas de economias nacionais selecionadas.

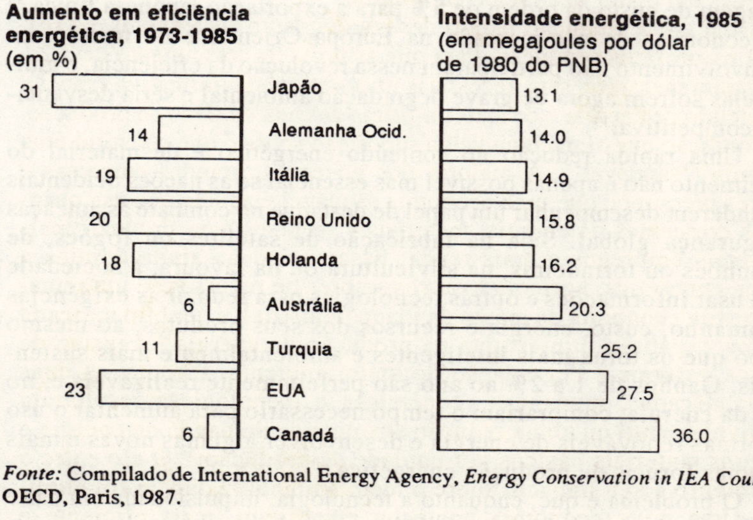

Fonte: Compilado de International Energy Agency, *Energy Conservation in IEA Countries*, OECD, Paris, 1987.

dutos que usam materiais mais leves e mais duráveis, e cuja produção requer menos energia. Descobriram que poderiam replanejar os processos de produção de modo que as indústrias necessitassem em suas usinas de menos capital e mais flexível, bem como reciclar e reutilizar subprodutos internamente — com lucro para a sua linha básica. Também concluíram que, quando reduziram o conteúdo de energia e material dos seus produtos, realizaram uma economia nos custos globais por unidade de produção *e* reduziram as emissões e os resíduos lançados no meio ambiente. Isso provou freqüentemente ser um modo muito mais eficaz de reduzir as emissões do que as dispendiosas tecnologias de boca de chaminé que não serviam a qualquer outro fim. Além disso, os benefícios ambientais da redução e reciclagem de recursos refletem-se em todo o ciclo de produção desde o seu começo. Manifestam-se na diminuição da mineração e dos refugos de mineração, na diminuição do consumo e poluição da água, no declínio da poluição atmosférica, desmatamento e erosão.

O aumento da eficiência da energia e dos recursos em fábricas ou comunidades concorre para aumentar a eficiência e a competitividade da economia nacional. Aqueles países que já obtiveram considerável progresso nessa direção estão no topo da lista internacional de realizadores econômicos.[37] Entre 1973 e 1984, o conteúdo de energia e de matéria-prima de uma unidade de produção japonesa registrou uma queda de 40%. Somente a diferença em intensidade de energia entre as economias norte-americana e japonesa, por exemplo, é suficiente para criar uma vantagem de custo da ordem de 5% para a exportação japonesa típica.[38] As economias de não-mercado na Europa Oriental e no mundo em desenvolvimento não participaram nessa revolução da eficiência, e muitas delas sofrem agora de grave degradação ambiental e séria desvantagem competitiva.[39]

Uma rápida redução no conteúdo energético e de material do crescimento não é apenas possível mas essencial se as nações ocidentais pretenderem desempenhar um papel de destaque no combate às ameaças à segurança global. Seja na fabricação de satélites ou fogões, de caminhões ou torradeiras, na silvicultura ou na lavoura, a sociedade pode usar informações e outras tecnologias para reduzir as exigências de tamanho, custo, energia e recursos dos seus produtos, ao mesmo tempo que os torna mais inteligentes e ambientalmente mais sustentáveis. Ganhos de 1 a 2% ao ano são perfeitamente realizáveis e, no caso da energia, comprariam o tempo necessário para aumentar o uso de formas renováveis de energia e desenvolver algumas novas e mais benignas formas de produção energética.[40]

O problema é que, enquanto a tecnologia, impulsionada em parte por forças do mercado, tornou isso possível, as nossas instituições públicas e particulares ficaram muito para trás, ocorrendo esse mesmo atraso em muitos dos pressupostos-chave subjacentes nas diretrizes econômicas que orientam essas instituições. A queda dos preços do petróleo e das "commodities" aliviou a pressão por maior eficiência mas não foi substituída por uma política pública compensadora. Concessões para o desenvolvimento industrial, subsídios agrícolas, fixação do preço da água, arrendamentos florestais e para mineração continuam encorajando a extração e o uso de mais e não de menos. Incentivos tributários e fiscais, políticas de tabelamento de preços e de margens de comercialização, de controle das taxas cambiais, e políticas protecionistas, fazem a mesma coisa. Influenciam o meio ambiente e o conteúdo de recursos do crescimento do modo errado. Em conseqüência disso, o impulso gerado durante o período de 1973-1985 foi revertido. A demanda mundial de energia, por exemplo, pulou 3,7% em 1988, após uma elevação de 2,8% em 1987. A Agência Internacional de Energia (IEA) prevê que, se a atual política for mantida, nos primeiros cinco anos do próximo século o mundo estará queimando 50% mais combustíveis fósseis do que queimava em 1988. Esses números são os pilares para um desastre global. A Guerra do Golfo pode empurrar os preços da energia para cima ou para baixo. Seja qual for o resultado, só pode ser temporário: as grandes flutuações continuarão, desviando-se ou apoiando-se na eficiência. Não existe substituto para uma reforma básica, estrutural, dos programas de ação pública.[41]

O meio ambiente e a economia devem ser integrados em nossas principais instituições investidas de poder decisório: governo, indústria e família. Talvez seja essa a mais importante condição para o desenvolvimento sustentável. Com excessiva freqüência, as decisões políticas sobre preços e investimentos que dirigem a economia atuam diretamente contra as exigências de sustentabilidade. O meio ambiente só é introduzido nos meios investidos de poder de decisão depois que surgiu e ganhou vulto um problema. As opções limitam-se então, usual e tardiamente, a vários investimentos apressados que se concentram em tecnologias de boca de chaminé para recuperar as emissões de torrentes de resíduos e despejá-las em algum outro lugar. Isso leva à mentalidade ainda dominante de que existe um conflito entre uma economia saudável e um meio ambiente saudável. É óbvio que meio ambiente e desenvolvimento podem ser mutuamente destrutivos. Também podem reforçar-se mutuamente. Para que ocorra esta segunda alternativa, decisões integradas têm que ser tomadas à frente do ciclo de desenvolvimento, quando as metas e os programas da sociedade estão sendo estabelecidos, e não na retaguarda, depois que a sociedade e a economia já incorreram nos custos de um desenvolvimento insustentável. A realização desse objetivo exigirá uma reorganização fundamental da política e das prioridades econômicas, o que será discutido no capítulo 2.

Uma transição para formas de desenvolvimento mais sustentáveis não significa devolver o planeta a um hipotético estado "natural" no qual as atividades humanas não tenham qualquer impacto.[42] As pessoas não podem viver na Terra sem alterar o meio ambiente. As necessidades básicas de alimento e energia de 5 bilhões de pessoas (com 5 bilhões mais chegando nas próximas cinco décadas) requerem vastas apropriações de recursos naturais, e as aspirações mais básicas de consumo material, meios de vida e saúde exigem ainda mais. A máxima do desenvolvimento sustentável não é "limites ao crescimento"; é "o crescimento dos limites". Devemos aprender a reconhecer e a viver dentro dos limites de impacto social para além dos quais a degradação dos ecossistemas, dos recursos e, por conseguinte, do bem-estar humano são inevitáveis e progressivos. Alguns limites são impostos pelo impacto das atuais tecnologias e organização social. Mas muitos podem ser ampliados através de mudanças nos modos de tomar decisões, mudanças em algumas áreas da política interna e internacional, e investimentos maciços em capital humano e recursos.

Depois que a WCED apresentou sua visão de desenvolvimento sustentável em 1987, tem havido um vivo debate em torno das condições específicas de sustentabilidade global. Talvez não seja surpreendente o fato de que o debate não tem sido muito esclarecedor. O conhecimento da dinâmica econômica e ambiental ainda é limitado. Embora seja possível indicar as direções em que, de um modo geral, o desenvolvimento deve avançar a fim de ser mais e não menos sustentável — como estes imperativos estratégicos procuram fazer — ainda não é possível definir as condições precisas de sustentabilidade a respeito de cada desenvolvimento específico. Nem isso é necessário. Neste ponto, é preferível encarar a sustentabilidade como uma meta social e como um critério para o desenvolvimento. A este respeito, assemelha-se a outras metas sociais valiosas e amplamente aceitas mas conceitualmente difíceis, como democracia, justiça ou mesmo segurança nacional, desenvolvimento econômico e um meio ambiente saudável. Para pessoas práticas, é possível concordar, em termos gerais, sobre o que cada um desses conceitos significa, sem que se chegue a um acordo sobre uma definição precisa. O mesmo pode ser dito do conceito de desenvolvimento sustentável.

A Conferência de Cúpula sobre o Estado da Terra, em junho de 1992, no Rio de Janeiro, proporcionará um primeiro teste. A finalidade primordial da Eco-92 consiste em deflagrar uma transição global para o desenvolvimento sustentável. Se quiser alcançar esse objetivo, a Conferência terá que formular uma série de recomendações para a reforma política e institucional de cada uma das áreas acima mencionadas. Essas recomendações são hoje tema de intenso debate num processo preparatório que envolve não só representantes da maioria dos governos mas também de centenas de importantes indústrias e milhares de organizações não-governamentais.[43] O trabalho de *background* será feito. Mas exigirá um esforço hercúleo mobilizar os recursos políticos necessários para uma mudança real. Os capítulos seguintes fornecem uma certa medida das dimensões desse esforço.

2

Remodelando a Política Interna

O conceito de desenvolvimento sustentável alterou fundamentalmente a natureza do debate acerca do meio ambiente e suas relações com o desenvolvimento. No final da década de 1960, quando muitas ameaças ambientais começaram reclamando atenção, considerou-se que a tarefa primordial consistia em pôr ordem na confusão gerada por duas décadas de rápido e irrestrito crescimento no pós-guerra. O meio ambiente era predominantemente visto como um "acessório" do desenvolvimento, raras vezes como seu componente "intrínseco" e integral. A maioria dos economistas profissionais viu os custos ambientais do desenvolvimento como algo exterior ao desenvolvimento, algo a ser tratado por medidas que nada tinham a ver com o processo de desenvolvimento. Essa disposição mental estava muito difundida e veio a refletir-se em instituições acessórias que promovem políticas acessórias, as quais, com freqüência, requerem tecnologias acessórias. Subjacente em todos esses acessórios — e mais importante do que todos eles — estava a antiga concepção, se bem que esteja lentamente mudando, de que o meio ambiente é também politicamente acessório. Assim, o debate sobre o meio ambiente concentrou-se principalmente nos impactos adversos do desenvolvimento sobre o meio ambiente; os impactos de um meio ambiente degradado sobre as perspectivas de desenvolvimento foram largamente ignorados.[1] O conceito de desenvolvimento sustentável levou esse enfoque para o centro do debate.

A natureza do debate foi alterada ainda num outro sentido. Depois que o relatório do Clube de Roma, *The Limits to Growth*, foi publicado em 1972, uma parte importante do debate ambiental radicou-se no pressuposto de que meio ambiente e desenvolvimento são irreconciliáveis.[2] *The Limits to Growth* supôs um conjunto de relações entre a população, a industrialização, a poluição e a exaustão de recursos naturais que levava inevitavelmente ao colapso da ordem mundial. Isso deu origem a um amplo movimento que defendia o crescimento zero ou até mesmo negativo.

Quando a noção de reconciliar meio ambiente e desenvolvimento foi apresentada na Conferência das Nações Unidas sobre Meio Ambiente Humano em Estocolmo, em 1972, foi considerada revolucionária.[3] Com efeito, a conferência dificilmente conseguiu conter os temores e desconfianças da maioria dos países em desenvolvimento e de alguns países industrializados de que a preocupação com o meio ambiente do mundo ameaçava suas perspectivas de desenvolvimento. Seu lema, inspirado na experiência dos países ricos nas décadas de 1950 e 1960, era "desenvolvimento primeiro e meio ambiente depois, quando acharmos que podemos nos permitir esse luxo". Essa atitude está lentamente mudando à medida que os líderes do Terceiro Mundo vão adquirindo consciência de que a destruição ambiental, hoje num ritmo e numa escala nunca vistos, está solapando suas perspectivas de desenvolvimento econômico — e até de sobrevivência.

Essa mudança de atitude ocorreu mais rapidamente nos países industrializados mais ricos. Agências especiais de proteção ambiental e de administração de recursos criadas no final da década de 1960 e começo da de 1970 obtiveram alguns importantes, ainda que limitados, êxitos.[4] As pessoas desfrutam de ar e água mais limpos em algumas áreas, de mais parques e reservas naturais, e maior controle sobre resíduos químicos e tóxicos. Em alguns países, foi adotada e está em vigor legislação que exige uma avaliação prévia de determinados investimentos. Indústrias desenvolveram uma vasta gama de tecnologias limpas e de baixo custo. No plano internacional, foi negociada e, em algumas áreas, implementada uma impressionante série de acordos e convenções bilaterais, regionais e globais.

A resposta institucional e política da década de 1970 — limpeza *a posteriori* de danos já cometidos — era claramente necessária. Mas verifica-se agora que foi duplamente inadequada. Em primeiro lugar, as limitadas realizações das últimas duas décadas encontram-se quase exclusivamente nas mais ricas nações ocidentais — incluindo o Japão. A Europa Oriental sofreu os efeitos de sistemáticos fracassos em seus programas,[5] enquanto que os países em desenvolvimento eram simplesmente incapazes ou relutantes em arcar com os custos de dispendiosos programas corretivos que caracterizam a ação ambiental no Ocidente.[6] Muitos países em desenvolvimento, conforme foi assinalado, conheceram uma deterioração maciça do seu meio ambiente, com os problemas ambientais associados à súbita industrialização e à urbanização explosiva sendo somados aos problemas decorrentes do subdesenvolvimento e da pobreza.[7] Em segundo lugar, mesmo nos países industrializados mais ricos, o progresso na primeira geração de problemas ambientais não foi suficientemente grande para recuperar o atraso e muito menos para acompanhar o ritmo de desenvolvimento. Em muitas áreas, ficamos ainda mais para trás. Nesse meio tempo, surgiu uma nova geração de questões ambientais e de desenvolvimento cada vez mais complexas, envolvendo custos sociais, econômicos e políticos potencialmente mais elevados, quer a ação seja iniciada ou protelada.

As questões ambientais tornaram-se de súbito profundamente sérias. Uma mudança meio perplexa, meio confusa, na opinião pública, tornou essas questões prioritárias nas agendas políticas das Nações Unidas, em Washington, Tóquio, Bruxelas, Moscou e outras capitais em todo o mundo, em alguns bancos multilaterais e em muitas salas de reuniões da diretoria de empresas da lista das 500 da revista *Fortune*.[8] A pressão sobre os governos para que façam mais é insistente e concentrou-se de forma crescente em apelos para uma ação que supere as fronteiras tradicionais entre organismos públicos e entre as políticas interna e externa.

A atual estrutura institucional e política para o meio ambiente e o desenvolvimento é incapaz de enfrentar esse novo desafio político. Os organismos, nacionais e internacionais, de proteção ambiental e de administração de recursos tentaram realizar o melhor trabalho possível dentro dos limites de suas atribuições e orçamentos, mas não podem obviar as causas dos problemas. São agências pequenas; carecem de influência ou poder político; e os orçamentos de que dispõem são freqüentemente irrisórios, em comparação com as tarefas que lhes foram adjudicadas. Mais significativamente, seus mandatos limitam-lhes a ação aos sintomas dos problemas — aos efeitos negativos do desenvolvimento — na ponta do ciclo de desenvolvimento. Aos organismos econômicos e comerciais centrais, às agências de assistência ao desenvolvimento, aos bancos e aos órgãos setoriais para a energia, a agricultura e outras áreas-chave, que podem exercer influência sobre as causas dos problemas, não foi atribuída a responsabilidade para tanto. Com seu decisivo poder político e seus enormes orçamentos, esses organismos e agências estavam, e continuam estando, em situação de encorajar formas de desenvolvimento que geram efeitos negativos sobre os recursos e o meio ambiente em proporções que excedem em muito a capacidade das agências ambientais para enfrentar aqueles efeitos. Uma fundamental remodelação de todo o sistema é indispensável para realizar a tarefa.

As mudanças requeridas são amplas e profundas, envolvendo toda a gama de responsabilidade governamental. O restante deste capítulo examina várias mudanças que são urgentemente necessárias na política interna. Os capítulos 3 e 4 focalizam a cena internacional — o capítulo 3 sobre mudança ambiental e geopolítica global, e o capítulo 4 sobre ajustes e reformas globais de instituições de âmbito internacional. Muitas das mudanças propostas podem parecer impossíveis à primeira vista, mas a urgência da questão da sustentabilidade e as rápidas mudanças que estão ocorrendo na política do meio ambiente e do desenvolvimento sugerem cautela antes de formular juízos precipitados sobre viabilidade. Como a Europa Oriental demonstra, com a mudança política o impossível pode tornar-se o inevitável. Qualquer político, ao considerar o papel cambiante do meio ambiente na economia hodierna, talvez não fizesse mal em seguir o conselho da Rainha a Alice: exercite-se em pensar em seis coisas impossíveis antes do café da manhã.

As mais importantes mudanças dizem respeito: (1) ao modo como os governos intervêm no mercado para criar incentivos ou para desestimular diferentes tipos de atividade econômica; (2) ao modelo de sistemas tributários; (3) ao inventário da atividade econômica para medir a "saúde" de uma economia; e (4) aos modos como as *corporations* e os órgãos econômicos, financeiros, comerciais e setoriais centrais do governo, incluindo as administrações locais, são (ou não são) responsáveis ou responsabilizados pelas conseqüências de suas políticas, projetos, orçamentos e despesas. As nações ocidentais devem tomar a dianteira na realização das mudanças necessárias.

A Integração do Meio Ambiente nas Decisões Econômicas

O princípio fundamental do desenvolvimento sustentável é a integração do meio ambiente e da economia. Se a atividade econômica deve resultar em formas sustentáveis de desenvolvimento, o meio ambiente não pode continuar sendo considerado um fator separado da tomada de decisões econômicas e secundário em relação a estas; deve ser plenamente integrado no processo decisório nas áreas do governo, da indústria e da família, no tocante à atividade econômica.

No mundo real, é claro, o meio ambiente está plenamente integrado com a economia. O meio ambiente é sobrecarregado por bilhões de decisões econômicas tomadas diariamente para projetar, produzir, comercializar, comprar, usar e dar destino a bens e serviços. Mas a maioria dos indivíduos, empresas e governos toma decisões econômicas sem considerar como essas decisões afetarão o meio ambiente. Não existem virtualmente meios adequados para assegurar que as conseqüências de uma decisão proposta vão implícita ou explicitamente realimentar os critérios que governam essa decisão antes de ser formulada. As conseqüências não se refletem no preço pago pelo bem ou serviço em questão, ou no seu rótulo, *marketing* ou publicidade. Sem esse *feedback*, indivíduos, empresas e governos subestimam sistematicamente as conseqüências ambientais de suas decisões, acarretando o superconsumo de capital em recursos e a degradação do meio ambiente.

As decisões econômicas refletem os incentivos que as pessoas enfrentam e a informação que possuem. Isso inclui os incentivos formais de preço, receitas, lucros, bonificações e rendas. Inclui também os métodos e procedimentos das burocracias públicas e privadas, os sistemas de avaliação ocupacional e uma vasta classe de incentivos sutis e informais, como o elogio ou censura social e os valores compartilhados pela comunidade, cuja eficácia é freqüentemente subestimada pelos economistas. Se as decisões das pessoas são socialmente destrutivas, como as decisões ambientais o são claramente, então os incentivos que elas enfrentam devem ser inadequados. Para melhorar as decisões, deve-se corrigir os incentivos. Uma vez isso feito, as decisões melhorarão progressivamente à medida que as pessoas e organizações integram os novos sistemas de recompensas e as novas informações em sua consciência, seus hábitos e procedimentos decisórios.

Correção de Intervenções Perversas no Mercado

Os mais importantes incentivos são os assinalados através dos preços do mercado. Os líderes da União Soviética, Europa Oriental, China e outros países estão fazendo malabarismos políticos para abrir suas economias às forças do mercado. Eles descobriram que o mercado é o mais poderoso instrumento de que se pode dispor a fim de impulsionar o desenvolvimento. O que ainda não descobriram é que ele pode ser impulsionado em duas direções: o desenvolvimento sustentável ou o insustentável. Se se opta por um ou outro não é função de uma "mão invisível" mas de uma política decidida pelo homem.

As intervenções "normais" do governo no mercado distorcem com freqüência o mercado de um modo que *encoraja ativamente* decisões públicas e privadas que predeterminam um desenvolvimento insustentável. Incentivos tributários e fiscais, tabelamento de preços e políticas de comercialização, controles cambiais e políticas protecionistas, tudo isso influencia o conteúdo de energia e de recursos do crescimento, bem como a extensão em que o crescimento aumenta ou esvazia o montante de capital ecológico. O mesmo pode ser dito a respeito de certas políticas setoriais. Os subsídios para a energia podem favorecer, e usualmente favorecem, os grandes projetos de fornecimento e prejudicam imensamente o financiamento de programas de utilização da biomassa e de renováveis.[9] As concessões fiscais para exploração madeireira, colonização e exploração pecuária podem acelerar o desmatamento, a perda de espécies e a degradação do solo e da água.[10] Os subsídios para pesticidas podem promover seu uso excessivo e, por conseguinte, ameaçar a saúde humana, contaminar as águas e aumentar o número de espécies resistentes aos pesticidas.[11] Os subsídios para o desenvolvimento de recursos hídricos e uso da água pode acarretar o uso exagerado para irrigação e fins industriais e municipais.[12]

A agricultura fornece um dos melhores exemplos de intervenções inadvertidamente destrutivas no mercado. Virtualmente todo o ciclo alimentar na América do Norte, Europa Ocidental e Japão atrai gigantescos subsídios diretos ou indiretos, a um custo de mais de 250 bilhões de dólares anuais para contribuintes e consumidores. Esses subsídios enviam aos agricultores sinais muitíssimo mais poderosos do que as pequenas subvenções usualmente fornecidas para conservação do solo e da água. Eles estimulam os agricultores a ocupar terras marginais e a desmatar florestas e bosques, a fazer uso excessivo de pesticidas e fertilizantes, e a desperdiçar águas superficiais e lençóis freáticos na irrigação. Só os agricultores canadenses perdem mais de 1 bilhão de dólares por ano de produção reduzida em virtude da erosão resultante de práticas subscritas pelos contribuintes canadenses.[13] Além disso, ao gerarem vastos excedentes a grande custo econômico e ecológico, os subsídios geram pressões políticas para ainda mais subsídios — para aumentar as exportações, doar alimentos como assistência *não*-emergencial a países do Terceiro Mundo, e levantar barreiras comerciais contra os produtos alimentícios importados. Todas essas medidas prejudicam a produtividade agrícola nos países em desenvolvimento.

Nas próximas décadas, a localização da produção agrícola global deve ser transferida dos países desenvolvidos para os países em desenvolvimento, onde se situa a maior demanda. As reformas agrárias e de preços estão ajudando a encorajar a lavoura em alguns países da Ásia, África e América Latina, mas esses esforços podem ser facilmente frustrados pelo "dumping" competitivo dos excedentes ocidentais. Os governos do Terceiro Mundo raras vezes são capazes de resistir às remessas de ajuda alimentar subsidiada ou não-emergencial. Esses alimentos aliviam uma necessidade constante e sempre premente. E também reduzem as pressões políticas sobre esses governos para que reformem suas próprias políticas agrícolas, muitas das quais são igualmente perversas. Os agricultores do Terceiro Mundo suportam o maior peso do impasse resultante. Até os mais eficientes são incapazes de competir com os excedentes despejados em seus países a preços subsidiados.[14]

Os governos ocidentais devem acelerar seus esforços para reformar uma política que encoraja a destruição do capital agrário básico. Reduzir distorções do mercado economicamente perversas e ecologicamente destrutivas exigirá consideráveis ajustes estruturais na agricultura ocidental, semelhantes em muitos aspectos aos ajustes que os governos ocidentais defendem para os países em desenvolvimento e socialistas. Entretanto, os países ocidentais estão claramente numa posição econômica e politicamente muito mais forte para reformular seu comércio agrícola e afins. Poderiam transferir verbas de seus orçamentos agrícolas de modo que encorajassem os agricultores a adotarem práticas que enriqueçam e não empobreçam o solo e sua base hídrica. Os modelos norte-americanos para políticas que fixam metas aos produtores e vinculam os subsídios a práticas conservacionistas remontam à década de 1930, quando o Serviço de Conservação do Solo nos Estados Unidos e a Administração de Reabilitação da Lavoura de Charneca no Canadá colocaram o *Dust Bowl* sob controle.

As economias obtidas pela eliminação gradual das distorções do mercado e sua substituição por incentivos à conservação devem fornecer os recursos necessários para programas de ajustamento estrutural. Também devem possibilitar a reestruturação da "ajuda" alimentar ao Terceiro Mundo. Em vez de fornecer ajuda não-emergencial na forma de excedentes agrícolas, os países ocidentais devem prestar assistência financeira de um modo que estimule e apóie as reformas internas essenciais que, por sua vez, aumentariam a produção e reverteriam a declaração acelerada da base de recursos nos países em desenvolvimento.

Em dezembro de 1990, a reunião ministerial de Bruxelas do *Uruguay Round* para reformar o GATT fracassou, em grande parte, por causa dos subsídios agrícolas. As Comunidades Européias e o Japão foram intransigentes. Seus líderes temiam que se os subsídios à lavoura fossem reduzidos no montante solicitado pelos Estados Unidos e outros países exportadores tradicionais de alimentos, as conseqüências políticas seriam imediatas e desagradáveis. Líderes do Canadá e de alguns outros países que pareciam apoiar a reforma também estavam preocupados com as eventuais conseqüências políticas. Quando as negociações foram interrompidas, alguns sugeriram que o meio ambiente, que não tinha sido mencionado durante todos os quatro anos de discussões, poderia ser a origem de um importante avanço.[15] Se os subsídios devem ser pagos — e muito poucos políticos estão preparados para renunciar a esse caminho certo para o poder — então por que não pagar aos agricultores para que aumentem seu capital agrário básico, em vez de exauri-lo? Uma atitude mais madura e responsável na concessão de subsídios agrícolas, em vez de sua completa eliminação, poderia ser mais aceitável para todas as partes envolvidas. Poderia eliminar os excedentes e a conseqüente pressão em prol de subsídios à exportação que distorcem o mercado e, ao mesmo tempo, reduzir o ônus sobre os orçamentos públicos. A sugestão pode ter chegado tarde demais para salvar o *Uruguay Round* mas parece claro que o GATT ficará cada vez mais preocupado com as relações entre meio ambiente e comércio. A "Eco-92" poderia ser uma oportunidade para levar o GATT a tratar dessas questões.

A silvicultura fornece um outro exemplo de intervenção destrutiva do mercado. As pressões sobre as florestas variam imensamente em todo o mundo. Mas tanto nos países desenvolvidos como em desenvolvimento essas pressões são reforçadas por políticas governamentais. As indústrias madeireira e florestal (e os projetos de desbravamento e abertura de estradas para a agricultura e a pecuária) atraem uma grande variedade de subsídios e indiretos. O contribuinte brasileiro esteve subscrevendo a destruição da Amazônia com milhões em abatimentos de impostos para empresas antieconômicas. A Indonésia faz o mesmo. Os canadenses também. Os contribuintes norte-americanos estão subsidiando o desbravamento do Tongass, a grande floresta úmida do Alasca. Os incentivos perversos que encorajam o excessivo corte de árvores em florestas temperadas e tropicais também marcam o comércio mundial em produtos florestais.[16] Os governos ocidentais deveriam rever suas políticas florestais com vistas à integração dos interesses políticos, econômicos e ecológicos. Deveriam garantir que a reforma dos subsídios florestais tenha forte destaque nas negociações prestes a ser entabuladas numa Convenção Mundial de Exploração Florestal. Também deveriam apoiar o programa do Banco Mundial de empréstimos para adaptações setoriais na silvicultura. Esse programa faculta financiamentos para as mudanças necessárias na política e nas instituições de países em desenvolvimento, sem o que a dotação de verbas para projetos separados não pode ter a menor chance de êxito.[17]

O setor de transportes, especialmente os veículos motorizados, também se "beneficia" de políticas que são econômica e ecologicamente perversas. Os impostos sobre combustíveis em muitas jurisdições, por exemplo, ainda não distinguem entre os efeitos ambientais de diferentes tipos de combustível — gasolina ou diesel, com chumbo ou sem chumbo. A estrutura de impostos e tarifas, bem como os subsídios diretos e indiretos, encorajam o uso de veículos mais pesados e consumidores mais intensivos de energia, e o transporte rodoviário de cargas, em oposição ao transporte ferroviário em muitos países. Em alguns, as despesas com veículos particulares podem ser deduzidas dos rendimentos tributáveis.[18] Os governos ocidentais deveriam estudar a estrutura tributária para veículos motores e outras formas de transporte, com a finalidade de transferir mais dos custos sociais e ambientais do transporte da sociedade para o usuário.

A energia fornece um outro exemplo de intervenção no mercado que é perniciosa para a ecologia da Terra e a economia do mundo. Se quisermos que as futuras necessidades energéticas sejam satisfeitas sem impor mais pressões intoleráveis sobre o clima mundial, as nações terão que fazer da eficiência o gume de suas políticas energéticas. Como foi assinalado antes, a experiência demonstra que ganhos de 1 a 2% por ano são perfeitamente realizáveis. O maior obstáculo à realização desses ganhos é a estrutura vigente de incentivos à exploração, desenvolvimento e consumo de energia. Esses incentivos estão largamente difundidos, são apoiados por enormes orçamentos e promovem usualmente o oposto do que é necessário para um futuro energético sustentável.[19] Eles subscrevem carvão, xisto, petróleo e gasolina; ignoram os custos de poluição do ar, terra e água; favorecem a ineficiência e o desperdício; e impõem enormes ônus em já apertados orçamentos públicos. Só nos Estados Unidos é estimado que os subsídios energéticos, incluindo os abatimentos tributários, totalizam mais de 40 bilhões de dólares por ano.[20] A cifra para o Canadá é, pelo menos, proporcional, cerca de 4 bilhões de dólares anualmente. A Alemanha fornece substanciais subsídios para o carvão, tal como a China, a Índia e outros países. Enquanto os países industrializados vêm prodigalizando milhões para distorcer o mercado e os preços de consumo de um modo que promove ativamente a chuva ácida e o aquecimento global, eles gastam apenas alguns milhões em medidas suscetíveis de promover a eficiência energética.[21] Quando esses governos resolverem encarar com seriedade a limitação da chuva ácida e o aquecimento global, terão de examinar todos os subsídios encobertos e manifestos e reformar aqueles que penalizam a conservação e a eficiência do uso final.[22] Os líderes na Eco-92 no Rio deveriam orientar seus representantes para tratar desse problema tanto no âmbito do GATT quanto na proposta convenção internacional sobre mudanças climáticas.

Corrigir essas distorções perversas e onerosas do mercado é algo com que os liberais do mercado livre, os conservadores fiscais, os defensores do orçamento equilibrado e os ambientalistas podem todos concordar. Mas corrigi-las não será fácil. Poderosos interesses derivam benefícios a curto prazo de cada um desses subsídios e resistirão a quaisquer mudanças. Isso ficou evidente na experiência com subsídios agrícolas no *Uruguay Round* para reformar o GATT a que nos referimos antes. Estranhamente, porém, ao reunirem argumentos favoráveis a uma redução dessas distorções do mercado, os governos raramente mencionam seu impacto negativo sobre o meio ambiente e sobre as reservas básicas de capital ecológico de uma nação. Se esses fatores fossem tomados em conta, os esforços para reduzir as distorções do mercado poderiam ser mais bem-sucedidos.

Introdução de Impostos e Mercados Ambientais

A correção das intervenções perversas no mercado é uma condição necessária mas não suficiente para a sustentabilidade. Mesmo os mercados não-distorcidos são limitados em vários aspectos, sendo o mais importante que eles não podem levar em conta os custos ambientais externos associados à produção, consumo e remoção de bens e serviços. O mercado trata os recursos da atmosfera, os oceanos e os outros bens comuns como "bens livres", com um preço zero. "Externaliza", ou transfere para a comunidade maior, os custos do esvaziamento de recursos e de poluição sonora, do ar, da água e da terra. A comunidade maior arca com os custos na forma de danos à saúde, à propriedade e aos ecossistemas.

Existe um hábito lamentável mas muito comum nas discussões em torno de programas de ação que é pressupor que qualquer coisa chamada uma "externalidade" não é, por definição, economicamente importante. Mas está longe de ser esse o caso: veja-se a destruição da capa de ozônio, as conseqüências potenciais de aquecimento global e a elevação do nível do mar, para não mencionarmos o dano econômico resultante da chuva ácida, erosão do solo, degradação da água e outras síndromes que estão ganhando agora, por toda a parte, os lugares prioritários das agendas políticas. A escassez ambiental é crescente, e os hábitos e procedimentos baseados no preço zero constituem hoje uma clara ameaça ao bem-estar e à segurança econômicos.

Muitas matérias-primas e muitos bens criticamente importantes são transacionados por preços que não refletem seus efeitos sobre o ar, a água e o solo, e um modo de corrigir isso é através da introdução de impostos ambientais. Desde que adequadamente planejados, os impostos ambientais proporcionariam incentivos ao uso apropriado de certos recursos. Exemplos de bens que deveriam estar sujeitos a impostos ambientais incluem os combustíveis fósseis,[23] clorofluorocarbonos, eletricidade, plásticos, agrotóxicos, pesticidas, fertilizantes químicos e bens de capital consumidores de energia, como veículos motorizados. Os impostos diretos sobre a emissão de poluentes e a criação de lixos que requerem eliminação também seriam apropriados. Os impostos ambientais sobre esses produtos seriam uma forma de introduzir o "preço da conservação" recomendado pela WCED. No caso da energia, os impostos seriam usados para influenciar a fixação de preços de forma a encorajar a conservação e a eficiência do uso final, e a desencorajar o uso de combustíveis geradores de chuva ácida e aquecimento global. Isso envolveria a elevação dos impostos sobre energia durante períodos de baixos preços reais e sua redução durante os períodos de altos preços reais. O objetivo seria manter os preços em níveis suficientemente elevados para encorajar aumentos regulares na produtividade de energia. Regulamentações mais rigorosas também exigiriam constantes avanços na eficiência de equipamentos, aparelhos e tecnologias afins, desde motores elétricos até condicionadores de ar, no projeto de edifícios, de automóveis e de sistemas de transportes. E a inovação institucional será necessária para quebrar os monopólios de serviços de utilidade pública e reorganizar o setor energético de modo que os serviços de energia possam ser vendidos numa base competitiva de custo mínimo.

Existem outras formas de lidar com externalidades. Com freqüência, as externalidades resultam da ausência de direitos claros à propriedade em questão.[24] Por causa de sua fluidez, é muito difícil para quem quer seja manter direitos de propriedade sobre uma determinada parcela de ar ou de um rio. Sem proprietário para controlar o acesso e o lucro resultante da preservação e uso responsável dos recursos, estes são passíveis de depredação e pilhagem por todo o mundo.[25] De fato, é isso o que está acontecendo na atmosfera. Esse bem comum global tem sido explorado como um recurso livre e infinito, sem considerar a sua capacidade máxima. Com certa engenhosidade, podem ser criados mercados onde nenhum existe até agora. Pode-se então deixar que o novo mercado opere em grande parte sem quaisquer restrições. Exemplos incluem sistemas de licenças para emissão comerciável, como é agora proposto para as emissões de enxofre das usinas elétricas nos Estados Unidos e para as emissões de CO_2 por nações-Estados.[26] Outros exemplos incluem direitos hídricos, criação de fauna silvestre e sistemas de depósitos e devoluções de resíduos perigosos ou recicláveis.[27] Por meio dessa abordagem, a eficiência dos mercados pode ser aproveitada a fim de se obter uma implementação eficiente das metas ambientais articuladas através de uma opção política.

Os governos devem examinar a viabilidade de uma transferência gradual da carga tributária, reduzindo os impostos sobre renda, poupança e investimentos, e aumentando-os sobre o uso de energia e recursos, sobre emissões poluentes para o ar, a terra e a água, e sobre os produtos com elevado impacto ambiental. Esse tipo de reforma do sistema tributário não necessita de um aumento global de impostos. Os aumentos de impostos sobre energia, recursos, emissões e resíduos poderiam ser compensados por uma redução equivalente dos impostos sobre o trabalho, a poupança e o investimento. Os impostos poderiam ter então em impacto ambientalmente positivo sobre os padrões de consumo e sobre a estrutura de custos da indústria sem agravar a carga tributária global sobre a indústria e a sociedade. Além disso, a redução poderia ser graduada de modo que os grupos de mais baixa renda fossem compensados, de fato, por terem de pagar preços mais altos pela energia e produtos com utilização intensiva de recursos. O impacto sobre o emprego poderia até ser positivo. Há sempre formidáveis barreiras políticas à criação de novos impostos mas, com a crescente conscientização e a judiciosa conjugação de aumentos nos impostos ambientais com decréscimos em outros setores, a política de mudança do sistema tributário e de outros incentivos não seria insuperável.

Alguns líderes das indústrias mais avançadas acolheram favoravelmente as análises que ligam o ambiente e a economia.[28] E um certo número de governos na Europa já começou implantando o sistema de impostos ambientais. Em abril de 1990, o governo sueco propôs a criação, através de proposta de lei, de uma sobretaxa aplicável ao valor da energia consumida por cada usuário, uma outra sobre as emissões de dióxido de carbono e ainda uma outra sobre as emissões de enxofre decorrentes do uso de petróleo, carvão e turfa. Era exigido das grandes centrais elétricas o pagamento de uma sobretaxa nas emissões de óxido nitroso, mas beneficiando-se de um abatimento se as mesmas fossem substancialmente reduzidas.[29] Essa reforma tributária, a qual podia estender a aplicação de impostos ambientais a outros produtos, foi aprovada e promulgada para entrar em vigor a partir de 1º de janeiro de 1991.[30] A Finlândia foi o primeiro país a tomar a iniciativa com um imposto sobre o carbono que vigora desde 1º de janeiro de 1990. O seu orçamento de 1990 também introduziu uma sobretaxa para os fertilizantes fosfatados e aumentou o número de impostos ambientais existentes. Desde julho de 1990 que vigoram na Noruega impostos sobre os CFCs, e recentemente foram aumentados os impostos sobre a gasolina, graduados de modo a agravar o produto com alto teor de chumbo. O governo italiano propôs um pacote legislativo ainda mais extenso, abrangendo não só as emissões de combustível fóssil mas também produtos plásticos, fertilizantes, herbicidas e a poluição sonora causada pelas aeronaves. Em 1990 e 1991, a Alemanha estava debatendo propostas para impor um imposto significativo sobre o petróleo e para compensar a redução de consumo com abatimentos no imposto de renda.[31] A guerra do Golfo poderá redundar em preços mais altos ou mais baixos do petróleo. Seja qual for o resultado, a conclusão das hostilidades poderia propiciar uma oportunidade ímpar a esses e outros governos para elevar os impostos energéticos a fim de manterem os preços a baixo custo político.

Com tamanho interesse nos impostos ambientais na Europa, a Comissão Européia e a OCDE estão desenvolvendo diretrizes para a sua implantação efetiva. Medidas tais como impostos ambientais, fixação de preços favoráveis à conservação e mercados ambientais poderão afetar o comércio de uma nação. Os padrões comerciais de alguns países têm um conteúdo de recursos e ambiental muito elevado, tanto do lado da importação, como no caso do Japão, quanto do lado da exportação, como no caso do Canadá ou da Austrália. Se uma nação instaurou medidas para captar o custo de externalidades no preço de um produto negociado internacionalmente, a sua indústria pode perder para a concorrência das indústrias de outros países. Se uma nação não introduz, porém, medidas que captem o custo de externalidades, ela pode ainda assim perder. O comércio pode transferir os custos ambientais e em recursos da produção de um país ou de uma região para uma outra e, se o comércio de uma nação inclui uma elevada proporção de produtos com grande conteúdo ambiental e de recursos, a sua economia pode acabar contendo uma parcela desproporcionalmente alta dos custos ambientais da produção global. Na prática, parece ser esse o caso das economias baseadas em recursos de países desenvolvidos e em desenvolvimento.

Tais medidas podem causar também conflitos comerciais. Já houve casos de litígio internacional em torno de medidas ambientais que são pretensamente nocivas ao comércio. É provável que ocorram muito mais disputas desse gênero, à medida que se tornar mais agudo o conflito entre os princípios do livre comércio e o controle nacional sobre os recursos e o meio ambiente. Na atual disputa Canadá-Estados Unidos sobre direitos de pesca, os norte-americanos acusam o Canadá de camuflar um controle de exportação como medida necessária à conservação de recursos. Na recente disputa Estados Unidos-Mercado Comum Europeu a respeito da carne bovina americana alimentada com hormônios, os Estados Unidos admitiram que as restrições européias à importação eram sinceramente motivadas por preocupações com a saúde, mas argumentaram que tais preocupações não tinham fundamentos válidos e, por conseguinte, constituíam uma restrição injustificada ao comércio.

Foi a preocupação com o impacto de programas ambientais sobre os padrões de comércio que originou a primeira tentativa de acordo internacional com o objetivo de interiorizar os custos externos da atividade econômica. Foi o chamado "Princípio de Quem Polui Paga" (PPP), implantado por países-membros da OCDE em 1972. O PPP exige que uma firma poluidora pague integralmente os custos de medidas preventivas e de controle, de acordo com o que for determinado pelas autoridades públicas, para proteger o meio ambiente da poluição resultante de suas atividades. Conforme acordado pela OCDE em 1972, trata-se de um princípio de internalização parcial dos custos de poluição. É importante principalmente porque tem potencial para fazer com que os custos ambientais do desenvolvimento se reflitam nos preços que os consumidores pagam pelos bens, desse modo inclinando a escolha do consumidor a favor daqueles bens cuja produção, uso e eliminação causam um impacto mínimo no meio ambiente.

As nações ocidentais, trabalhando através da OCDE, deveriam fortalecer e ampliar o PPP de modo a concretizar esse potencial.[32] Em conjunto com outras nações na Eco-92 no Rio, elas deveriam levar esses esforços para a arena mais vasta da ONU, a Conferência das Nações Unidas sobre Comércio e Desenvolvimento (UNCTAD) e o GATT. Se as medidas para captar o custo de externalidades no preço de um produto internacionalmente comercializado fossem implementadas somente nos países ocidentais, elas poderiam servir para transferir a produção dos bens ambientalmente mais nocivos do Ocidente para as regiões em desenvolvimento do mundo. Embora essa transferência pudesse representar um ganho econômico a curto prazo para certas regiões pobres (reconhecendo que algumas já estão ecologicamente arruinadas), isso seria insustentável localmente e, em última instância, globalmente. Além do mais, no caso de comércio de produtos que causam impacto sobre os problemas ambientais em escala global (como o aquecimento global e os desmatamentos tropicais), essa transferência poderia anular alguns ou todos os benefícios criados por medidas já previstas para superar esses problemas. Assinale-se que já existe um crescente tráfego, boa parte dele ilegal, de lixos tóxicos na direção dos países em desenvolvimento mais pobres.

Reforma dos Incentivos Públicos

Em termos de suas conseqüências para o meio ambiente e a sustentabilidade, as decisões no setor público são, pelo menos, tão importantes quanto as do setor privado. As decisões públicas também são configuradas por incentivos, mas de uma espécie diferente e influenciados por uma variedade de fatores. O sistema eleitoral é vital, assim como os vários instrumentos através dos quais a mídia, o eleitorado e a oposição obtêm informações sobre o desempenho do governo. A esse respeito, entretanto, o meio ambiente sempre foi e ainda continua sendo vulnerável.

Em última instância, os governos solicitarão alguns indicadores abrangentes com os quais lhes seja possível avaliar seu desempenho no tocante à sustentabilidade. O planejamento econômico tem índices de crescimento, de preço e de emprego; o planejamento social tem seus indicadores demográficos, educacionais, de renda e outros; o planejamento da proteção ambiental tem indicadores que medem as mudanças na qualidade do ar, água, solo e outros recursos. De momento, porém, não existem indicadores reconhecidos de desenvolvimento sustentável. A Cúpula Econômica do Grupo dos Sete (G7), reunida em Paris em 1989, solicitou à OCDE que desenvolvesse "indicadores ambientais" e esse trabalho está em curso, mas não ficou inteiramente claro no comunicado por eles divulgado se os integrantes da Cúpula Econômica do G7 estavam pretendendo melhores e mais avançados indicadores de qualidade ambiental ou indicadores de desenvolvimento sustentável. Talvez a diferença não fosse explorada.

Os indicadores de qualidade ambiental concentram a atenção na ponta de trás do ciclo do desenvolvimento, nos efeitos ambientais do desenvolvimento insustentável, e nos programas e tecnologias de natureza acessória para reduzir aqueles efeitos. Os indicadores do desenvolvimento sustentável focalizariam a atenção na ponta da frente do ciclo do desenvolvimento: na energia, nos recursos, nos produtos químicos e outros insumos requeridos pelo desenvolvimento, e na política a ser adotada para influenciá-los. Exporiam os vínculos cruciais entre o meio ambiente e a economia. A eficiência energética é um bom exemplo. É uma medida da participação da energia no desenvolvimento (seja em que escala for, nacional ou local) e é um indicador do desempenho ambiental e econômico da economia. Outros indicadores têm que ser utilizados mas uma nação que registre um constante incremento na eficiência energética pode estar caminhando na direção de um desenvolvimento mais sustentável, sobretudo se os aumentos se verificam no uso de combustíveis fósseis. As nações ocidentais deveriam assumir a liderança na criação de indicadores de desenvolvimento sustentável, atuando através da OCDE e de outros foros internacionais, incluindo a Eco-92 no Rio.

Reforma dos Sistemas de Contabilidade Econômica

A mais importante mudança singular nos incentivos do setor público, nos níveis político e burocrático, envolverá a reforma das medidas agregadas de desempenho econômico nas contas nacionais. Essas contas são uma das mais importantes medidas pelas quais os governos são publicamente avaliados. Os dirigentes políticos vangloriam-se quando o crescimento do PNB é rápido, e são forçados a dar explicações e a defender-se quando ele é lento. Entretanto, apesar de sua posição oficial e de sua aparente autoridade, essas contas são de criação recente. E estão repletas de difíceis problemas de medição, muitos dos quais são solucionados por saltos de fé.

Os sistemas atuais de contabilidade econômica acolhem um erro fundamental que nunca seria tolerado na escrita de uma empresa privada. Não possuem uma conta detalhada de recursos de capital nem balancetes corretos. Estão preocupados principalmente com o fluxo de atividade econômica, não com os montantes de capital em que grande parte dela se baseia. As comunidades e as *corporations* reconhecem o consumo de capital produzido pelo homem. Quando os estoques (por exemplo, edifícios, instalações fabris e equipamentos) se depreciam, o montante é deduzido de produção bruta. Se a comunidade ou a *corporation* deseja permanecer no negócio, novos investimentos são feitos para aumentar e manter esse capital.

Atualmente, porém, isso não se aplica ao capital em recursos naturais. Os sistemas hoje em vigor por toda a parte ignoram as mudanças no valor e nos estoques de recursos. Por conseguinte, é possível mostrar elevados níveis de renda nacional ou empresarial esvaziando os estoques ambientais e de recursos, mesmo quando essa degradação de recursos resultará fatalmente no declínio de rendas no futuro. Esse é o caminho mais certo para a liquidação de uma empresa, uma nação e do planeta. Os sistemas econômicos nacionais precisam ser urgentemente revistos para reconhecer os recursos naturais como capital e para medir as mudanças nos estoques para as quais podem ser estabelecidos valores econômicos, com os decréscimos tratados como consumo de capital e os aumentos como formação de capital.

Os sistemas atuais de contabilidade econômica tampouco atribuem qualquer valor aos serviços econômicos fornecidos pelos recursos naturais (quando não os subvalorizam). As florestas, por exemplo, proporcionam habitat para espécies e meios para reter água e solos, cuja perda acarreta custos associados a colheitas reduzidas e enchentes. Entretanto, os sistemas de contabilidade atribuem um valor às despesas realizadas a fim de impedir a perda desses serviços ou para recuperá-los depois que foram destruídos. Por conseguinte, a degradação de recursos — um *Valdez* da Exxon, por exemplo, ou um Chernobyl — figura como um "bem público", elevando o bem-estar, em vez de um "mal público", que o reduz. Os responsáveis pela política econômica, os líderes empresariais e os eleitores são sistematicamente iludidos. Não só isso deve ser corrigido mas as perdas (ou ganhos) anuais nos serviços fornecidos pelos recursos naturais deveriam ser calculados e tratados como um decréscimo (ou aumento) na renda.

Um estudo calculou as mudanças em montantes de capital para madeira, petróleo e solos agrícolas na Indonésia entre 1971 e 1984. Procedendo aos ajustamentos pedidos por essas mudanças, o estudo apurou que o crescimento do PNB fora reduzido de 7% para 4%. A rápida taxa de crescimento do PNB apresentada nas contas nacionais originais era o resultado enganador do esgotamento de estoques de recursos a fim de reforçar de modo insustentável a renda atual. Se as cifras mais baixas tivessem sido divulgadas, poderia ter culminado em pressões para que o governo mudasse sua política de desenvolvimento.[33] Um sistema correto de contabilidade nacional também prestaria contas do conteúdo ambiental e em recursos dos fluxos de comércio internacional. Tal revisão permitiria uma determinação mais acurada de se uma nação está em superávit ou em déficit em seu comércio.

Algumas dificuldades seriam encontradas, sem dúvida, com a introdução de uma correta contabilidade de capital nas contas nacionais, sobretudo no tocante à determinação do preço apropriado dos bens ambientais não-comercializados, como o ar e a qualidade da água. Mas esses problemas são de dificuldade comparável à de outros já solucionados ou evitados com êxito no atual sistema de contas. E muitas das mudanças pretendidas serão diretas, como a avaliação de estoques de propriedade pública de recursos naturais comerciáveis (como madeira, minérios ou petróleo) ou a avaliação de recursos ambientais que geram diretamente um fluxo de ganhos (como os solos agrícolas).

Um trabalho básico em contabilidade de recursos e em estruturas contábeis mistas tem sido realizado na França, Noruega, Canadá, Estados Unidos e alguns outros países.[34] Organizações internacionais como a OCDE e o Banco Mundial e um certo número de institutos independentes efetuam trabalhos avançados nessa área. A Comissão de Estatística e o Escritório de Estatística da ONU estão preparando diretrizes para órgãos nacionais que desejam elaborar contas satélites e de recursos. Parece improvável que tais mudanças possam ser incorporadas na atual rodada de revisões no Sistema de Contas Nacionais da ONU, mas se a próxima conferência de cúpula sobre o estado da Terra que terá lugar no Rio fornecer uma direção, o ritmo da reforma poderá ser acelerado.

Podem essas mudanças fazer realmente diferença? O poder de medidas e incentivos ao desempenho numérico são muito conhecidos na literatura gerencial, em particular o seu poder para induzir os gerentes a adotar metas erradas se as medidas forem mal definidas. É precisamente isso o que a predileção pela renda em contas nacionais provoca no comportamento governamental. Corrigir isso poderia representar uma grande contribuição para orientar a política pública no rumo da sustentabilidade. Tal correção ajudaria também a evitar batalhas equivocadas e implacáveis entre ambientalistas e "desenvolvimentistas" em torno de quanto crescimento deve ser "sacrificado para proteger o meio ambiente". É freqüentemente formulada a questão de quanto as pessoas estão dispostas a pagar pela qualidade ambiental, mas isso desvirtua seriamente a realidade das relações entre meio ambiente e economia nesta conjuntura da história. A questão representa a qualidade ambiental como um bem de consumo, algo que podemos optar por ter mais ou menos do mesmo modo, e pelas mesmas razões que escolheríamos ter mais ou menos férias, automóveis ou picolés. Nos níveis de impacto ambiental humano — por exemplo, onde a mudança ambiental significa melhores ou piores panoramas, cheiros desagradáveis, ou mais ou menos parques e jardins — essa formulação pode ser adequada. Mas na fase atual das questões humanas e ambientais, quando a atividade humana está causando uma enorme degradação dos sistemas produtivos agrícolas, florestais e oceânicos, impactos generalizados sobre a saúde humana e a significativa probabilidade de catastrófica mudança ambiental no próximo século, essa formulação está desesperadamente errônea.

A introdução de indicadores e a revisão apropriada dos sistemas de contabilidade nacionais podem ser tudo o que se requer para corrigir as decisões econômicas do setor público a longo prazo, dado o enfoque dominante da maioria dos governos sobre a administração do crescimento econômico. O constrangimento político envolvido na revelação de que as economias nacionais, tanto no mundo industrial quanto no mundo em desenvolvimento, cresceram muito mais lentamente do que se pensava — se é que cresceram — talvez pudesse ser mitigado por um novo governo que implantasse as mudanças contábeis tanto na atualidade quanto retrospectivamente, jogando dessa maneira a maior parte das censuras resultantes sobre as costas dos seus predecessores. Mas para fornecer adequados incentivos à sustentabilidade nas decisões em menor escala através da burocracia, outras mudanças são também necessárias: mudanças nas práticas de desconto; procedimentos de revisão interna, auditoria e avaliação de projetos; o papel das agências econômicas e do meio ambiente; e a agenda básica para uma política pública.

Uma área que necessita de reforma é a prática de descontar o futuro na avaliação de investimentos, projetos e programas envolvendo recursos naturais. Descontar benefícios e custos futuros de um investimento proposto, reduzindo-o ao "valor líquido atual", vem sendo considerado desde longa data uma fraqueza dos sistemas correntes de análise econômica.[35] Mas o que era simplesmente uma fraqueza numa era de pequenos investimentos com limitados impactos locais tornou-se potencialmente catastrófico numa era de investimentos maciços, com impactos regionais e globais freqüentemente irreversíveis. Como assinalamos antes, certos investimentos de hoje, quando agregados numa escala apropriada para análise, podem causar o esgotamento de florestas em escala nacional, a extinção maciça de espécies, a perda constante de solos, a contaminação de imensos lençóis freáticos de que dependem vastas populações e a infra-estrutura econômica, a acidificação do meio ambiente e as crescentes concentrações de gases responsáveis pelo efeito estufa com o conseqüente estreitamento da limitada faixa climática em que é possível a vida humana na Terra. Os sistemas correntes de análise de investimentos para projetos de exploração de recursos naturais no governo e nas empresas ignoram essas irreversibilidades e a conseqüente exclusão de futuras opções.

As taxas de desconto correntemente usadas em análises de investimentos, comumente 10% ou mais, favorecem os projetos com elevados benefícios a curto prazo e custos a longo prazo. Quando os custos podem ser externalizados, o efeito é transferi-los para gerações futuras (as quais, é claro, não compram nem votam). A 10%, por exemplo, um projeto que resulta num esvaziamento de capital ecológico da ordem de 10 milhões de dólares em 100 anos tem um valor atual de 725 dólares. A implicação é clara: as conseqüências futuras do aquecimento global e da elevação do nível do mar ou a futura extinção de espécies, provenientes de investimentos atuais, são desprovidas de significação. Isto é manifestamente irracional.

A questão fundamental diz respeito à extensão em que a atual geração tem a responsabilidade de garantir que o capital em recursos e os sistemas ecológicos sejam deixados suficientemente intatos para permitir que gerações futuras desfrutem de contínuos ganhos em bem-estar econômico. Não existe, é claro, resposta definitiva para essa questão e é improvável que novas pesquisas venham a fornecê-la. De um modo geral, reconhece-se que as taxas de juros não refletem, por obra e graça de alguma mágica, a avaliação relativa do presente e do futuro pela geração atual mas, na ausência de algo melhor, tem-se permitido que a questão vá sendo empurrada para diante sem uma solução à vista. Dada a importância crucial da questão para o desenvolvimento sustentável, os governos ocidentais deveriam tomar a iniciativa de eliminar a prática do desconto para investimentos em projetos de utilização de recursos que envolvam danos irreversíveis, acumulação e persistência de tóxicos na cadeia alimentar e transferências de significativos custos ambientais de uma geração para as seguintes.

Isso talvez corrigisse a principal deficiência na aplicação das formas correntes de análise de custo-benefício de propostas de investimentos em projetos de desenvolvimento que envolvem a utilização de recursos naturais, e também melhorasse o processo de avaliações ambientais que um grande número de países hoje requer. Há, é claro, outras deficiências nos processos de avaliação ambiental que a maioria dos países adotou. Por via de regra, com exceção de meia dúzia de países como a Holanda, a avaliação não se aplica a programas e políticas propostos, somente a projetos e, em algumas áreas, a produtos. Além disso, com raras exceções, não é obrigatória para todos os grandes investimentos.

Um certo número de estudos recentes recomendou que políticas e programas — assim como projetos, tecnologias e produtos — fossem submetidos a uma completa avaliação prévia.[36] O objetivo seria assegurar que a política proposta, incluindo políticas macroeconômicas e setoriais, encorajaria o desenvolvimento sustentável, contrário aos critérios gerais mencionados no capítulo 1. Por outras palavras, as avaliações ambientais deveriam evoluir para avaliações integradas a fim de determinar a sustentabilidade econômica e ecológica. Alguns países estão avançando na direção de "avaliações de sustentabilidade" obrigatórias, quer em resultado de uma opção política deliberada, quer por força de sentença judicial. No Canadá, uma série de sentenças dos tribunais superiores serviu para reduzir o arbítrio do governo federal para evadir as avaliações ou delegá-las a outros níveis de governo. Em resposta, o governo promulgou emendas que restabeleciam seu poder discrecionário e desencorajavam as futuras tentativas de recorrer aos tribunais para exigir uma avaliação.[37] Ottawa também ignorou as tentativas de vários governadores provinciais para evadir ou subverter os processos de avaliação ambiental.

Isso unicamente ressalta a necessidade urgente de construir salvaguardas contra "avaliações camaradas". As origens políticas de tais avaliações são infinitas e a expressão dispensa comentários adicionais. O governo holandês propôs o estabelecimento de um órgão independente para realizar auditorias de avaliações ambientais, e uma Comissão Internacional de Auditoria Independente para Avaliações Ambientais está sendo agora instalada, empreendendo auditorias pilotos a pedido de alguns países em desenvolvimento. Sua sede é em Haia.

Tornar as Instituições Econômicas Ambientalmente Responsáveis e Sujeitas à Prestação de Contas

Num sentido abrangente, o que se faz necessário é tornar as instituições econômicas públicas e privadas plenamente responsáveis pelas conseqüências ambientais de suas decisões. Os sistemas econômico e ecológico estão hoje totalmente interligados no mundo real, mas permanecem quase totalmente divorciados em nossas instituições. Nas décadas de 1960 e 1970, os governos de mais de 100 países, tanto desenvolvidos como em desenvolvimento, criaram órgãos especiais de administração de recursos e proteção ambiental. Mas esses mesmos governos não conseguiram fazer com que os seus poderosos órgãos econômicos centrais, comerciais e setoriais se tornassem de qualquer forma responsáveis pelas implicações ambientais das políticas que adotavam, das receitas que geravam e dos gastos que faziam. O equilíbrio de forças resultante era e continua sendo substancialmente desigual.[38]

Virtualmente sem exceções, os órgãos de administração de recursos e proteção do meio ambiente são solicitados a aceitar o desenvolvimento como um dado. O mandato deles começa usualmente onde o desenvolvimento termina. Engloba a ponta final do ciclo de desenvolvimento, concentrando-se nos seus efeitos e nos modos e meios de melhorar esses efeitos. Seu arsenal também é muito limitado no tocante aos planos de ação. Podem monitorar mudanças no meio ambiente e na base de recursos, empreender pesquisas, advertir sobre ameaças iminentes e iniciar programas de educação pública. Também podem planejar e impor regulamentos. Podem advogar mudanças na forma e no conteúdo do crescimento mas, por via de regra, dispõem de muito pouco ou nenhum poder para tornar essas mudanças concretas e efetivas. Podem utilizar meia dúzia de instrumentos econômicos comparativamente fracos (por exemplo, emissão de emolumentos, de guias de trânsito, de licenças comerciais etc.) e algumas poucas medidas relativamente ineficazes para fazer cumprir a lei. Alguns desses órgãos podem negociar acordos intergovernamentais no âmbito de seus mandatos, mandatos esses que os confinam preponderantemente à ação *ex post facto*, com vistas à reparação de danos já causados, o famoso *re-*, do movimento ambiental: *re*stauração da qualidade do ar e da água, *re*adaptação de sistemas industriais e de irrigação, *re*cuperação de desertos, *re*florestamento de terras, *re*stauração de habitat naturais e *re*abilitação de áreas urbanas.

Os órgãos econômicos centrais e setoriais do governo, por outro lado, ocupam suas áreas tradicionais com amplos mandatos, abrangendo toda a ponta superior do ciclo do desenvolvimento. O seu arsenal político inclui os mais poderosos instrumentos de ação do governo: a política monetária, fiscal e tributária; a política comercial e externa; e as políticas agrícola, industrial, energética e outras de caráter setorial. São esses órgãos, através de suas intervenções, de suas normas reguladoras e dos enormes orçamentos de que dispõem, que têm o poder de determinar a forma e o conteúdo do crescimento, e de decidir se o desenvolvimento será sustentável ou não. Mas raramente têm que prestar contas nesses termos. Se alguém é tido por responsável pelo desenvolvimento insustentável, é o órgão ambiental — justamente aquele que não possui responsabilidade formal pela política fiscal, comercial e setorial subjacente no desenvolvimento insustentável, e pouquíssimo poder para mudá-la. Uma posição que dificilmente se poderá considerar invejável.

Os órgãos de proteção ambiental e de administração de recursos elaboram uma "agenda mais ou menos padronizada", a qual foi se desenvolvendo ao longo das duas últimas décadas para incluir uma extensa lista de questões de poluição, recursos naturais e questões urbanas inter-relacionadas (ver Apêndice 3).[39] Dados os seus mandatos, não têm outra alternativa senão tratar dessas questões exclusivamente como questões ambientais, ou como questões de conservação e administração de recursos, e não como questões de meio ambiente e desenvolvimento *interligadas*. Como resultado, a política ambiental apareceu como um campo limitado, essencialmente um acessório de outros campos de ação, investido da missão de reagir, de uma forma geral, a danos já causados e de os remediar.

Os órgãos centrais e setoriais elaboram a agenda de "prioridades" do governo: crescimento, emprego, comércio, defesa, energia, agricultura, indústria, relações externas etc. Dados os seus mandatos, não têm a obrigação de considerar o impacto de suas ações sobre o meio ambiente ou sobre o montante de capital em recursos. E raramente o fazem. Quando isso ocorre, como assinalamos antes, pressupõem usual e implicitamente que o meio ambiente e os recursos naturais são "livres" e inexauríveis, ou então que a tecnologia encontrará substitutos antes que os recursos se esgotem, ou que o meio ambiente *deve* subsidiar a economia. Seja o que for que os líderes políticos e empresariais digam em seus discursos, quaisquer mudanças em prioridades exigirão ação nos mais altos níveis de organizações internacionais, governos e indústria. O secretário-geral da ONU, chefes de Estado e os principais executivos das grandes *corporations* devem estabelecer objetivos claros e mensuráveis para a integração do desempenho ambiental e econômico, e definir em detalhe o papel de cada agência ou departamento na realização desses objetivos.

Os órgãos econômicos centrais, comerciais e setoriais também devem ser considerados os responsáveis diretos por que suas políticas e seus orçamentos encorajem o desenvolvimento sustentável. Isso exigirá normalmente mudanças legislativas nos mandatos tradicionais. Além disso, terá que ser outorgada maior capacidade política e financeira aos órgãos de proteção do meio ambiente e administração de recursos naturais, para que possam fazer face aos efeitos das políticas de desenvolvimento insustentável. Para que os interesses antagônicos do ganho econômico a curto prazo e a mais longo prazo se reconciliem nos níveis supremos do governo e da indústria de um modo não-tradicional, os órgãos ambientais e de administração de recursos naturais devem ter um status ministerial comparável ao dos ministérios das finanças, participação plena nas reuniões dos conselhos de ministros e nas comissões que planejam os programas de ação governamental, ministros politicamente poderosos e bem relacionados, e maiores orçamentos que reflitam a crescente prioridade econômica de suas áreas tradicionais de responsabilidade.

Mesmo quando todos os órgãos são responsabilizados e têm que prestar contas das conseqüências ambientais de suas políticas, pode ser necessário e desejável dar aos órgãos ambientais alguma forma de autoridade que os habilite a acompanhar e examinar detidamente o desempenho dos demais órgãos no tocante à sustentabilidade. Ou tal autoridade poderia ser conferida a um órgão independente investido de um mandado semelhante ao do *General Accounting Office* nos Estados Unidos, ou das auditorias-gerais em alguns sistemas de governo.[40] Nas instituições privadas, a correção de preços através da eliminação de subsídios anti-sustentabilidade e da imposição de taxas ambientais realizará, pelo menos em parte, a requerida mudança nas prioridades. Outras medidas para modificar os programas desses órgãos ambientais poderiam incluir auditorias e balancetes para avaliação do meio ambiente, ou a exigência de relatórios sobre o desempenho ambiental para orientação de clientes, fiscais e investidores.

Uma indicação clara de se um governo alterou seu programa de ação a fim de tratar seriamente do desenvolvimento sustentável será o seu orçamento. O orçamento anual de um país estabelece o quadro geral de incentivos e desincentivos econômicos e fiscais, incluindo todas as formas de impostos, à sombra dos quais os dirigentes empresariais, os homens de negócios, os agricultores e os consumidores tomam decisões. Trata-se, por certo, de uma das mais importantes declarações sobre política ambiental que qualquer governo pode formular em qualquer ano, porque em seu agregado essas decisões servem para melhorar ou degradar o meio ambiente da nação e aumentar ou diminuir seus estoques de capital ecológico. Também é a mais forte de todas as declarações sobre o real programa de ação do governo, em contraste com a sua retórica política. O orçamento deve ser olhado como uma verdadeira declaração ambiental.

Essas mudanças correspondem a nada menos do que um programa "alternativo" para o governo (ver o Apêndice 4).[41] Esse programa de "desenvolvimento sustentável" deve englobar todas as questões concebidas simplesmente como recurso ambiental, natural, ou as questões urbanas, e integrá-las com as questões dominantes de crescimento, desenvolvimento, emprego, energia, comércio, paz e segurança. Deve transferir a atenção para o ciclo inteiro do desenvolvimento, olhando a degradação ambiental desde a perspectiva de suas fontes comuns nas políticas, programas e orçamentos que acionam o desenvolvimento. Deve levar à ação sobre as origens das questões nas atividades humanas, nas orientações, atitudes e padrões de comportamento subjacentes nessas atividades, nas instituições e nas formas e processos de tomada de decisão. A Eco-92 no Rio deve constituir uma força propulsora para um importante distanciamento da "agenda ambiental típica" adotada em Estocolmo em 1972 e uma aceitação da nova "agenda do desenvolvimento sustentável" a ser adotada para o século XXI.

3

Mudança Ambiental e Geopolítica Global

O sistema internacional está num processo de realinhamento político de proporções históricas. A *glasnost* e a *perestroika* de Mikhail Gorbachev, a agitação na União Soviética e na Europa Oriental, e o conflito no Golfo são apenas três exemplos. Outros incluem: o surgimento do Japão como um novo super-Estado econômico e tecnológico; a integração econômica da Europa em 1992; o gradual declínio da pujança econômica relativa dos Estados Unidos; os crescentes conflitos comerciais entre os Estados Unidos e o Japão, os Estados Unidos e a Europa, e a Europa e o Japão; as mudanças na África do Sul; e o lento surgimento do Brasil, da Índia e da China no primeiro plano mundial.

Até há pouco tempo, a mudança ambiental global esteve ausente das discussões das poderosas forças que alteram a estrutura da política mundial. Historicamente, essas discussões gravitavam em torno das tendências políticas ou das tendências econômicas que determinam tendências políticas. Mas as tendências econômicas também determinam tendências ambientais e hoje, com o entrelaçamento dos dois sistemas, as tendências ambientais estão começando a dar forma às econômicas *e* políticas. Estão se convertendo numa força importante que poderá alterar os próprios alicerces do sistema político internacional nas próximas décadas. Algumas dessas tendências ambientais resultarão em mudanças que são súbitas e dramáticas, como o buraco no ozônio na Antártida. Outras resultarão em mudanças que são lentas e pouco notadas mas, não obstante, profundas e irreversíveis, como a prevista inundação das áreas costeiras em decorrência da elevação do nível do mar e o crescente volume de refugiados ambientais cruzando fronteiras nacionais. Ainda outras crescerão simplesmente em intensidade até que o conflito se torne inevitável, como a deterioração da proporção população-água em regiões do Oriente Médio e do Norte da África. Tomadas como um todo, elas obrigarão a repensar os pressupostos básicos a respeito das preocupações correntes, como as relações Norte-Sul, a unificação da região Ásia-Pacífico e a estrutura hegemônica do mundo.

Por que razão a mudança ambiental global terá um tão profundo impacto sobre a política mundial? Tentaremos responder neste capítulo a essa interrogação. Começaremos por examinar os modos como a mudança ambiental pode acarretar um recrudescimento de conflitos. Depois consideraremos depois como o alcance ecológico global das economias industriais promoveu a dependência inter-regional, e como essa dependência está aumentando a influência política dos países em desenvolvimento. Finalmente, examinaremos a necessidade de ampliar o conceito de segurança nacional.

Mudança Ambiental e Conflito

Embora a mudança ambiental seja de uma importância que aumenta rapidamente, ela é, com freqüência, tratada de forma superficial. Uma das razões disso é que muitas questões ambientais apresentaram-se primeiro como problemas de poluição em pequena escala que interessavam principalmente a governos locais. Uma outra razão envolve a tendência para deixar os recursos naturais fora do cálculo ambiental e para pensar apenas em termos de problemas de poluição. Isso é especialmente verdadeiro em países industrializados, onde a história recente de consciência ambiental está vinculada ao crescimento da poluição. Além disso, quando as questões de recursos são incluídas, as distinções tradicionais entre recursos renováveis e não-renováveis levam a muita confusão. O fato é que muitos dos chamados recursos renováveis (solos erodidos, espécies em perigo, florestas tropicais de 1.000 anos) não são renováveis em nenhum sentido prático. Por outro lado, muitos recursos não-renováveis (carvão, petróleo e certos minérios), se não inesgotáveis num sentido absoluto, são inexauríveis num sentido prático em virtude da tecnologia, substituição e funcionamento do mercado. Existe uma terceira razão. A tendência tem sido para tornar triviais as questões ambientais como "externalidades", à margem das prioridades governamentais. São tratadas como questões típicas de "escoteiros", advogadas por espíritos filantrópicos dispostos a salvar o nosso planeta e as espécies. O "ambientalismo e escola dominical", consubstanciado na síndrome "Plante uma árvore e salve o mundo", está bem vivo nas altas esferas dirigentes, como pode ser visto no orçamento norte-americano para o ano fiscal de 1991 e na declaração do Fórum de Moscou em 1990.[1]

As mudanças ambientais em nível regional e global podem ser tudo menos triviais. Formam uma categoria de questões para as quais há muito poucos precedentes. Podem adquirir a forma de um novo ou expandido recurso que muda as relações geopolíticas — um Ártico aberto, por exemplo, com maiores possibilidades de navegação, cortando pela metade a extensão das rotas marítimas entre o Japão e a Europa. Com maior freqüência, porém, terão a forma de um recurso reduzido ou destruído, como a perda de território nacional e alteração de fronteiras entre Estados vizinhos em conseqüência da elevação dos níveis oceânicos, com o recrudescimento de tensões e do potencial para conflito.

Toda e qualquer situação é impulsionada por sua própria dinâmica, mas as mudanças ambientais que ameaçam a paz e a segurança estão todas radicadas em realidades econômicas e físicas. Até o aumento num recurso fornece a oportunidade para conflito, porque regimes legais raramente existem para fixar direitos sobre um bem que não existia no passado. De fato, a história está repleta de exemplos de nações guerreando a fim de obter o controle ou impedir que uma outra nação adquira o controle de matérias-primas, suprimentos energéticos, suprimentos hídricos, rotas marítimas e outros recursos ambientais estratégicos. O impulso para adquirir ou proteger o acesso a energia escassa e outros recursos é freqüentemente descrito como um importante motivo subjacente na política externa dos Estados, sobretudo no mundo industrializado: por exemplo, as potências européias loteando a África no século XIX, a expansão alemã e japonesa no século XX e a guerra de 1991 no Oriente Médio.[2] Esse tipo de conflito é suscetível de recrudescer quando certos recursos se tornarem mais escassos em face da crescente demanda e aumentar a competição para garantir sua posse.

A redução ou destruição de um estoque de recursos fornece uma oportunidade ainda maior de conflito. Quando um recurso é compartilhado entre nações (um rio internacional, por exemplo, ou uma zona pesqueira *offshore* ou oceânica), sua degradação ou esgotamento exige que essas nações concordem em reduzir suas reivindicações. Mecanismos formais de rateio internacional vigoram para alguns recursos, mas estão normalmente baseados na gama historicamente observada de disponibilidades. O mais comum é inexistirem mecanismos formais para a mediação de reivindicações. Ou o recurso foi tão abundante no passado que os conflitos eram incomuns, ou as cotas eram atribuídas por tradição informal, ou existiu um conflito permanente mas de reduzidas proporções.

Mesmo no interior de uma nação, a exaustão de um recurso combinada com uma população em rápido crescimento pode prenunciar o colapso econômico e a instabilidade política, e ameaçar a segurança nacional. A nação insular do Haiti, por exemplo, sofre de uma das mais severas erosões do mundo, com o leito de rocha firme cobrindo a maior parte da terra. Mais de um milhão de pessoas desertou do país, procurando alcançar clandestinamente as costas americanas em barcos superlotados, e a *U.S. Agency for International Development* (USAID) atribui boa parte do êxodo à degradação ambiental.[3] El Salvador é um dos países ambientalmente mais depauperados da América Central, e um outro relatório da USAID diz que as causas fundamentais do atual conflito entre grupos rebeldes e o governo são tanto ambientais quanto políticas, decorrentes dos problemas de distribuição de recursos numa terra superpovoada.[4] As causas subjacentes da convulsão política e social e da violência militar incluem com freqüência a dilapidação de florestas, solos e água, e a incapacidade da terra para sustentar uma população crescente. Em 1975, por exemplo, a Comissão de Socorro e Reabilitação Etíope declarou que a causa primordial da fome (e o resultante movimento de massa da população) não era a prolongada seca mas os efeitos acumulados, durante décadas, da degradação de recursos, por um lado, e as crescentes populações humanas e de animais, por outro.[5]

A *glasnost* revelou um padrão alarmante de devastação ecológica na União Soviética e na Europa Central e Oriental, fruto de décadas de supressão política, corrupção burocrática e desastrosa administração econômica. Agora que as estatísticas ambientais deixaram de ser classificadas como segredos de Estado, essa devastação está sendo finalmente documentada. Durante todo o ano de 1990, um caudal constante de estudos e reportagens jornalísticas pintou um quadro de intenso sofrimento humano, morte prematura e declínio econômico. Pelo menos um húngaro em cada 17 morre de causas ambientalmente induzidas. Em Leipzig, a expectativa de vida é inferior à média nacional em seis anos. Especialistas afirmam que muitas comunidades nos cinturões industriais da antiga Alemanha Oriental deixaram de ser próprias para habitação humana. A água é imprópria para beber e, muito mais grave ainda, grande parte do solo é inadequada para uso em virtude da contaminação química. Os cursos de água podem ser recuperados mas a recuperação do solo é uma outra questão. Se possível, exigirá muito mais tempo e demandará gigantescos investimentos financeiros. Cinqüenta por cento da água dos rios na Tchecoslováquia e 95% na Polônia é imprópria para consumo humano, mais de metade das florestas estão mortas ou agonizando em resultado da chuva ácida, e os produtos químicos na cadeia alimentar e no tecido humano excedem os limites aceitáveis por muitas ordens de grandeza.

A negligência ambiental também ameaça os suprimentos energéticos da região. A Agência Internacional de Energia calcula que o consumo de energia na Europa Oriental poderá aumentar 50% entre 1995 e 2005. Entretanto, o carvão, a principal fonte energética da região, é também a principal fonte de devastação ambiental da região. A energia nuclear também está em apuros. Há duas dúzias de usinas nucleares construídas pelos soviéticos na Europa Oriental, e especialistas ocidentais julgam-nas inseguras e em processo de rápida decadência. A Alemanha decidiu fechar suas usinas de construção soviética o mais depressa possível a fim de prevenir-se contra um outro Chernobyl.

A limpeza de fontes locais de ar e água envenenados e de solos e florestas degradados na União Soviética e na Europa Oriental é uma tarefa impreterível, mas que exigirá tempo e dinheiro.[6] Um estudo pelo Instituto de Pesquisas Econômicas alemão calcula que a limpeza custará 200 bilhões de dólares ao longo da próxima década. Outras estimativas são muito mais elevadas. E o que é ainda mais importante, serão necessários um alto nível de *expertise* humana e métodos inovadores para transferir tecnologia e capital. Os líderes alemães ficaram preocupados com a "decapitação institucional" que se seguiu à expulsão da antiga liderança da Alemanha Oriental. A maioria dos dirigentes na indústria alemã oriental estavam filiados ao Partido Comunista, e com o seu afastamento ou neutralização criou-se um vácuo de liderança que levará tempo a preencher. A infra-estrutura científica mantém-se mais ou menos intacta, mas não existe virtualmente capacidade para empreender um planejamento realista que combine visão ecológica e *expertise* econômica. Por conseguinte, a indústria ocidental ainda se mostra hesitante em investir, retardando o necessário processo de reindustrialização. O processo doloroso de mudança estrutural também causará conflitos políticos. Muitos líderes já estão buscando vilões externos, apontando países vizinhos e exigindo que eles limpem suas atividades e parem de exportar poluição.

As vinculações entre declínio ambiental e ameaças à segurança nacional podem ser sutis mas decisivas. A falta de água, por exemplo, já constitui uma séria limitação ao desenvolvimento em 80 países, com 40% da população do mundo.[7] O uso de água dobrou globalmente nos 40 anos entre 1940 e 1980 e, com a crescente população e irrigação, o seu uso duplicará de novo no ano 2000, provocando competição e conflito cada vez maiores entre nações-Estados. O conflito armado em torno do acesso a recursos hídricos cada vez mais escassos ocorreu ou tem ameaçado ocorrer no Oriente Médio (o Eufrates, o Litani e o Jordão), Ásia (o Mekong e o Ganges), África (o Nilo), e Américas do Norte e do Sul (o Rio Grande e o Rio da Prata).[8]

O Nilo é uma guerra à espera de começar, um fato que o governo egípcio entende claramente.[9] A explosão demográfica no Egito exige terra e água muito mais abundantes para que suas populações possam contar com moradia e alimentação, e estas só podem ser encontradas no vale do Nilo. Mas a população crescente do Sudão também é dependente do Nilo. O Egito é também um dos países mais seriamente ameaçados pelo aquecimento global e a elevação do nível do mar. De fato, até um quinto das áreas mais produtivas e mais densamente povoadas do Egito poderá ser inundado nos próximos cem anos, deslocando dezenas de milhões de pessoas.

Quando o declínio de recursos ambientais cruciais é grave, grandes contingentes de pessoas — as que vivem do pastoreio, por exemplo, ou de uma agricultura de subsistência — podem perder seu meio de vida. A erosão e a degradação das terras ocupadas por uma agricultura de subsistência têm criado milhões de refugiados ambientais no mundo inteiro, acarretando grandes migrações através das fronteiras e contribuindo para o rápido e desestabilizador fluxo de migrantes rurais para as metrópoles do Terceiro Mundo. Só a África presenciou a migração de milhões de refugiados ambientais a cada ano, desde a década de 1970, quando a frase foi criada. Esses grandes caudais de refugiados provocam conflitos entre grupos estabelecidos e recém-chegados; e fornecem uma vasta reserva de gente desesperada que é facilmente recrutada pelos movimentos terroristas e guerrilheiros, como a história recente na África, América Central e América do Sul já prova.

A mudança ambiental pode contribuir de uma outra forma para o conflito internacional: a tendência de nações para atribuir a responsabilidade pelo declínio ambiental a outras nações. Os líderes nacionais estão acostumados a pensar dessa maneira. Quando as reservas de um recurso compartilhado — uma zona pesqueira, um rio, um lençol freático — se esvaziam ou diminuem muito, a reação normal — inspirada por egoísmo político, paroquialismo e preconceito institucional — é atribuir o enfraquecimento à ganância e esbanjamento (ou pura e simples intenção criminosa) aos Estados vizinhos.[10] Mudança atmosférica, aquecimento global e elevação do nível do mar são provocados por muitas atividades diferentes, e os líderes já estão dirigindo a atenção de seus povos para aquelas atividades encontradas principalmente em outras regiões. Os líderes do Norte apontam para o desmatamento tropical; os líderes do Sul denunciam a queima exorbitante de combustíveis fósseis.[11] De um modo mais geral, os países industriais identificam freqüentemente o excessivo crescimento populacional nos países em desenvolvimento como a maior das ameaças ambientais do mundo, enquanto que os países em desenvolvimento identificam o excessivo consumo nos países industriais. Embora ambas as reclamações tenham seus méritos, a tendência de cada lado para inculpar o outro pode exacerbar um confronto Norte-Sul já tenso.

As Ecologias da Sombra de Economias Ocidentais

Muitas nações, tanto industriais quanto em desenvolvimento, impõem grandes sobrecargas aos sistemas ambientais da Terra. Algumas fazem isso através da riqueza, outras assim procedem através da pobreza; algumas através de grandes populações em rápido crescimento, outras através de elevados e rapidamente crescentes níveis de consumo de recursos ambientais *per capita*. O impacto agregado de qualquer comunidade sobre o meio ambiente pode ser utilmente pensado como o produto de três fatores: sua população, seu consumo ou atividade econômica *per capita* e seu fluxo de material ou energia por unidade de atividade econômica. População, consumo e eficiência tecnológica estão envolvidos, pois, na degradação ambiental.[12] O montante total de dióxido de carbono lançado na atmosfera por transportes de passageiros, por exemplo, é igual ao produto do número de pessoas, o montante de atividade de transporte por pessoa (pessoa/milha), e as emissões de dióxido de carbono por passageiro/milha. Portanto, uma nação pode impôr uma pesada sobrecarga ao meio ambiente através de qualquer combinação de elevado crescimento populacional, elevado consumo e uso ineficiente de materiais e energia.

Esta simples formulação é complicada por um importante fator: o meio ambiente e o conteúdo de recursos do comércio entre nações. A atividade econômica está hoje concentrada nas regiões urbanas/industriais do mundo. Poucas dessas regiões são ecologicamente auto-suficientes, se acaso alguma o é. Elas respiram, bebem, comem e trabalham na base do capital ecológico do seu "hinterland", o qual recebe também seus lixos acumulados. Houve um tempo em que o "hinterland" ecológico de uma comunidade estava confinado às áreas que a circundavam imediatamente, e isso pode ser ainda o que ocorre em algumas comunidades rurais em países em desenvolvimento. Hoje, porém, os principais centros urbanos/industriais do mundo estão encerrados em complexas redes internacionais para transacionar em bens e serviços de todas as espécies, incluindo energia primária e processada, produtos alimentícios, materiais e outros recursos. As principais cidades das economicamente poderosas nações ocidentais constituem os pontos centrais dessas redes, habilitando essas nações a estribarem-se no capital ecológico de todas as outras nações para fornecer alimento às suas populações, energia e materiais para as suas economias e inclusive terra, ar e água para absorver seus subprodutos e detritos. Esse capital ecológico, o qual pode ser encontrado a milhares de quilômetros das regiões em que é usado, forma a "ecologia da sombra" de uma economia. Os oceanos, a atmosfera (clima) e outros "bens comuns" também fazem parte dessa ecologia da sombra. Em essência, a sombra ecológica de um país é constituída pelos recursos ambientais que ele extrai de outros países e dos bens comuns globais.[13] Se uma nação sem muita elasticidade geográfica tivesse que passar sem sua ecologia da sombra, mesmo por um breve período, seu povo e sua economia sufocariam.

As economias do Terceiro Mundo desejam ser atraídas para essas redes de comércio. É a única maneira como elas podem esperar atrair os investimentos e as tecnologias indispensáveis ao desenvolvimento e ao comércio em mercados mundiais. Mas a participação em tais redes é uma faca de dois gumes. As economias da maior parte dos países em desenvolvimento (e de segmentos de muitos países industrializados) baseiam-se em seus recursos naturais. Como mostra o Quadro 1, seus solos, florestas, atividades pesqueiras, espécies e águas compõem seus principais estoques de capital econômico. A superexploração e a exaustão desses estoques podem proporcionar aos países em desenvolvimento ganhos financeiros a prazo muito curto mas também podem resultar numa constante redução de seu potencial econômico a médio e a longo prazos.[14]

As nações ocidentais maciçamente empenhadas na busca global de fontes de suprimentos deveriam estar atentas para as suas ecologias da sombra e para a necessidade de adotar políticas que as sustentem. Alguns países, é claro, são mais dependentes delas do que outros. O Japão é um caso ilustrativo. Sendo um país pobre em recursos, a segunda maior economia do mundo tem que importar a maior parte de sua energia e recursos renováveis como matérias-primas, e exportá-los como produtos acabados. A vasta população do Japão também depende do acesso à sua ecologia da sombra. Setenta por cento de todo o consumo de cereal (milho, trigo e cevada) e 95% do consumo de grão de soja são fornecidos pelo estrangeiro. Safras ruins nos países exportadores, em conseqüência da degradação ambiental ou de condições meteorológicas adversas poderão ter um grande impacto no abastecimento de alimentos ao Japão. As importações japonesas de *roundwood* correspondem a um terço do total mundial, e mais de 50% do consumo japonês é fornecido pelo estrangeiro. O Japão está enfrentando embargos de toras de madeira da Indonésia e das Filipinas, inspirados em parte pela necessidade de conservação. Teve que recorrer à Malásia a fim de assegurar o seu abastecimento, e também está explorando a possibilidade de novas e importantes fontes de suprimento na Amazônia. O governo japonês está adquirindo consciência dessas conexões recursos-comércio, e está atualmente apoiando um profundo exame pelo Conselho de Cooperação Econômica do Pacífico (PECC) da sustentabilidade das florestas do Sudeste asiático.

A vulnerabilidade do Japão aos efeitos da mudança ambiental global não está limitada à busca de materiais básicos no exterior; também se manifesta nas exportações de produtos acabados. Cerca de 30% da renda de exportação do Japão são obtidos pela venda de automóveis, cujo uso depende da disponibilidade de suficiente espaço ecológico para lidar com as suas emissões de resíduos tóxicos, especialmente a poluição atmosférica, nas cidades que formam seus principais mercados. O fato de os automóveis japoneses serem mais energética e ambientalmente eficientes do que os dos seus concorrentes tem tido muito a ver com o seu êxito nos mercados de exportação. A margem, entretanto, é cada vez menor, em parte porque as firmas japonesas começaram produzindo e exportando automóveis maiores e de maior consumo. Isso deve preocupar o governo nipônico. Se o meio ambiente pode ser usado para justificar os controles sobre as importações de produtos alimentícios, também pode ser usado para justificar os controles sobre as importações de automóveis. O Japão deve permanecer sensível às tendências ambientais globais, para que as suas exportações não venham a ser limitadas por rigorosas medidas de proteção do "espaço ecológico" disponível nos mercados externos. O mesmo se verifica em relação a outros países.

Como pode ser observado na Figura 3.1, essas dependências são grandes e aplicam-se tanto à América do Norte e à Europa quanto ao Japão. Os números sobre exportações e importações revelam que as dependências também são recíprocas. O conteúdo ambiental e de recursos do fluxo comercial, o qual está usualmente escondido nos números

FIGURA 3.1. Importações e Exportações da OCDE para os países em desenvolvimento, 1989 (em bilhões de dólares).

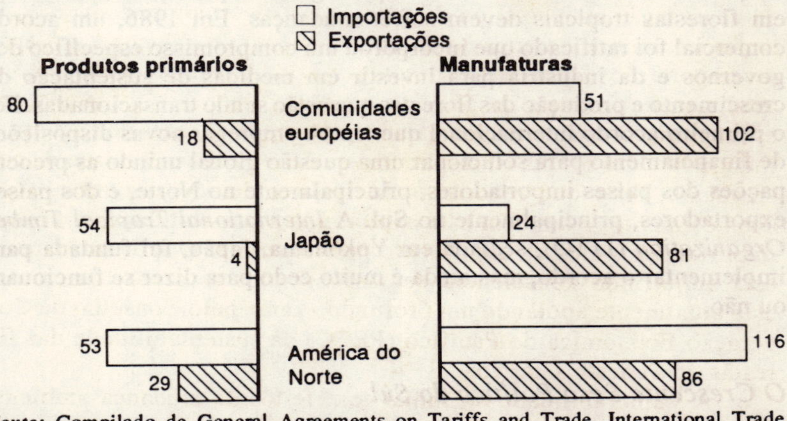

Fonte: Compilado de General Agreements on Tariffs and Trade, International Trade, 1979-81, 1985-87 e 1988-89; GATT, Genebra. Os números para as Comunidades Européias são para 1987.
Exportações F.O.B.; Importações C.I.F.

relativos ao comércio, é aumentado pelo alcance global da política interna, especialmente a política para incentivar o comércio. Entretanto, os órgãos que tomam decisões sobre a política comercial estão usualmente desatentos ou insensíveis às ligações ambientais. As transações em energia, produtos agrícolas, florestais e uma gama de produtos industriais, sofrem de intervenções governamentais que têm o propósito de distorcer os mercados de maneiras que protejam os produtores internos e dêem aos exportadores uma vantagem injusta. Mas, como foi antes assinalado, elas também destroem o capital ecológico de que dependem as perspectivas de comércio futuro e de prosperidade econômica.

O comércio em madeiras tropicais fornece um bom exemplo. Alguns países industrializados impõem sobretaxas que favorecem a importação de toras em bruto, em vez de produtos processados de países tropicais. Assim, eles ganham o valor adicional no processamento industrial das toras. Em conseqüência disso, os países exportadores de toras, usualmente países em desenvolvimento, têm de cortar mais árvores em suas florestas do que no caso contrário precisariam para receber as divisas de que necessitam para o desenvolvimento. Essa superexploração está ameaçando agora o próprio comércio. As receitas de exportação de madeira tropical vêm caindo há anos e valem hoje cerca de 8 bilhões de dólares. Espera-se que continuem decrescendo até 2 bilhões de dólares na virada do século porque o recurso está simplesmente desaparecendo.[15] Até mesmo a indústria afetada concorda agora que a política comercial e as estruturas de incentivo interno que regem a exploração e o comércio em florestas tropicais devem sofrer mudanças. Em 1986, um acordo comercial foi ratificado que incorporou um compromisso específico dos governos e da indústria para investir em medidas de sustentação do crescimento e produção das florestas que estão sendo transacionadas. Foi o primeiro acordo internacional que tentou empregar novas disposições de financiamento para solucionar uma questão global unindo as preocupações dos países importadores, principalmente no Norte, e dos países exportadores, principalmente no Sul. A *International Tropical Timber Organization* (ITTO), sediada em Yokohama, Japão, foi fundada para implementar o acordo, mas ainda é muito cedo para dizer se funcionará ou não.

O Crescente Peso Político do Sul

Com a distensão, o relativo declínio dos Estados Unidos e a agitação política na União Soviética e Europa Oriental, alguns acreditam que um período de perigosa instabilidade é inevitável nas questões internacionais. Outros prevêem que a instabilidade decorrerá menos da desintegração da antiga estrutura Leste-Oeste do que de um crescente confronto entre o Norte e o Sul. Quando a guerra fria chega ao fim, eles enxergam o surgimento de um novo tipo de lógica do poder, opondo as nações pobres contra as nações ricas, com a mudança ambiental fornecendo grande parte da influência de que o Sul necessita para conseguir obter condições aceitáveis em questões econômicas e de direito. Esse estado de ânimo merece muito mais atenção. Toca no âmago da importância política das questões do meio ambiente em escala global.

Muitos países em desenvolvimento acreditam que a segunda onda de preocupação ambiental na Europa, América do Norte e Japão proporciona-lhes a influência de que precisam nas negociações em torno da ação dos países ricos para resolver as preocupações principalmente econômicas do Terceiro Mundo. Isso ficou evidente na sessão de 1989 da Assembléia Geral da ONU. Muitos membros do Grupo dos 77, o qual reúne a maioria dos países em desenvolvimento nas Nações Unidas, viram uma oportunidade para segurar o meio ambiente como uma espécie de refém ou garantia na resolução de certa eqüidade, do problema da dívida, da transferência de tecnologia, comércio e outras questões do desenvolvimento econômico. Queriam pressionar para uma série de concessões sobre o desenvolvimento em troca de um consenso em torno da resolução para convocar uma Conferência das Nações Unidas sobre Meio Ambiente e Desenvolvimento no Brasil em junho de 1992. Após difíceis e prolongadas negociações, eles concordaram em adiar suas exigências para uma etapa ulterior no processo preparatório para a Conferência. A resolução prevê um projeto de convenção sobre o aquecimento global para adoção na Conferência mas também prevê que, em troca, as preocupações dos países em desenvolvimento serão ativamente discutidas.[16]

Os países em desenvolvimento estão perseguindo as mesmas metas nas negociações embrionárias sobre a convenção proposta para conservar a biodiversidade. A vasta maioria das reservas remanescentes de recursos biológicos existe nas florestas tropicais dos países em desenvolvimento e só pode ser conservada com medidas que façam jus ao total apoio desses países. Em novembro de 1990, o Programa das Nações Unidas para o Meio Ambiente convocou uma reunião em Nairobi a fim de ser discutida uma possível convenção sobre biodiversidade. Os países em desenvolvimento, liderados pelo Brasil, China e Índia, indicaram que se recusariam a participar na convenção se esta não incluísse medidas para lhes facultar o acesso às biotecnologias de que necessitam para explorar seus próprios recursos biológicos. Além disso, insistiram em que essas tecnologias teriam que ser fornecidas em termos que eram "preferenciais e não-comerciais." Os países industrializados, com raras exceções, declararam que resistiriam a tal iniciativa. Suas indústrias possuem e controlam as biotecnologias de muitos bilhões de dólares que os países em desenvolvimento querem. A rápida evolução dessas tecnologias abriga tremendas promessas para a agricultura, a medicina e outros setores da sociedade, mas essa evolução, acredita-se de um modo geral, depende do respeito às patentes e aos direitos de propriedade intelectual. Também depende de as companhias envolvidas reterem o acesso aos recursos biológicos nos países em desenvolvimento. Parece improvável que algum acordo venha a ser conseguido num futuro próximo.[17]

O Painel Intergovernamental sobre Mudanças Climáticas foi criado em 1989 a fim de preparar as bases para a II Conferência Mundial do Clima, a qual se realizou em Genebra, em novembro de 1990. Propiciou um outro fórum no qual os países em desenvolvimento puderam começar a avaliar seu peso. No início, o IPCC parecia ser uma organização científica apolítica mas as aparências eram enganadoras; suas sessões não tardaram em tornar-se muito políticas. Isso evidenciou-se na reunião de Washington, em fevereiro de 1990. Em seu discurso de abertura da reunião, o Presidente George Bush deixou claro que embora os Estados Unidos se dispusessem a alocar mais 1 bilhão de dólares à pesquisa, ele não previa desde já qualquer compromisso para reduzir a emissão de combustível fóssil e certamente nenhum compromisso a curto prazo sobre as questões de eqüidade que preocupam os países em desenvolvimento.[18] Os representantes dos países em desenvolvimento, especialmente a Índia, o México e o Brasil, deixaram igualmente claro esperarem que essas negociações tratassem de uma série de questões fundamentais, incluindo a segurança econômica e ecológica; o acesso preferencial à propriedade intelectual, ciência e tecnologia; dívida, comércio, ajuda e eqüidade Norte-Sul em geral.

Até que ponto essas expectativas são realistas? Podem as crescentes preocupações ambientais no Norte traduzir-se em crescente peso do Sul em certas questões econômicas e de eqüidade? As respostas dependerão de muitas coisas, incluindo as maneiras diferentes como as ameaças ambientais globais são percebidas em diferentes regiões e as diferenças na política ambiental e de desenvolvimento econômico em nações-chave tanto desenvolvidas como em desenvolvimento.

A participação de países específicos num acordo ambiental global é essencial na medida em que esses países são capazes de degradar ou negar acesso a um recurso ou a bens públicos compartilhados de maneira que ameace as perspectivas econômicas ou a sobrevivência de outros países. Quando é esse o caso, a história é razoavelmente clara. Os países podem usar a ameaça de protelar ou de não participar numa negociação ou acordo, ou de não aceitar os seus termos, a fim de obter vantagens daqueles países mais ameaçados ou mais ansiosos por fechar um acordo. Há muitos exemplos disso entre países industrializados. A postura dos Estados Unidos em face do Canadá a respeito da chuva ácida, e a da França e Alemanha em face da Holanda a respeito da poluição do Reno, são dois casos destacados em curso. Também existem exemplos entre países em desenvolvimento. Como indicamos antes, a disposição ou relutância de Estados em regiões do Oriente Médio, África e Ásia para agir nos casos de escassez e desvios de água, desmatamento ou desertificação tem sido usada para influenciar o comportamento dentro desses Estados ou entre eles.

Ameaças semelhantes podem ser empregadas com êxito por países em desenvolvimento para influenciar a conduta de países industrializados. Para que certos problemas globais de interesse para países industrializados sejam tratados com êxito, é essencial a participação plena de países em desenvolvimento que detêm posições-chave. Um caso ilustrativo é o do Protocolo de Montreal de 1987 sobre Substâncias que Debilitam a Camada de Ozônio.[19] Durante as negociações em Montreal em 1987, as principais nações industrializadas foram incapazes ou relutantes em tratar de certas questões de importância crucial para países em desenvolvimento, incluindo a repartição eqüitativa do ecossistema global (*eco-sharing*), a repartição dos encargos financeiros e o acesso preferencial à propriedade intelectual e tecnologia. Em conseqüência disso, um certo número de países em desenvolvimento, mormente a China e a Índia, com um potencial gigantesco para aumentar emissões de CFC, recusaram-se a aderir ao protocolo. Numa segunda reunião das partes em Londres, em junho de 1990, os países industrializados não só concordaram em emendas ao protocolo mas também, e de um modo mais importante, aceitaram criar um fundo de 160 milhões de dólares (o qual poderá ser elevado para 240 milhões de dólares se a Índia e a China aderirem ao protocolo) para ajudar os países em desenvolvimento a financiarem o custo de retirada gradual do mercado dos CFCs e a produção de substitutos. Em resposta, a China e a Índia concordaram em reexaminar suas posições. Restava ainda um obstáculo, evidentemente: um compromisso operacional sobre a transferência de tecnologia. A reunião de Londres não resolveu isso e é muito cedo para se dizer se a China, a Índia e outros países em desenvolvimento exigirão que essa questão seja solucionada antes de aderirem ao protocolo.

A participação ativa de países em desenvolvimento é essencial para o êxito de muitas outras negociações hoje em curso, incluindo as referentes à mudança de clima. Tal como no caso dos CFCs e da destruição da capa de ozônio, quaisquer reduções nas emissões de combustível fóssil pelas nações industrializadas poderiam em breve ser anuladas por aumentos em algumas nações em desenvolvimento. Só a China, com uma das maiores reservas de carvão do mundo, planeja a construção de 200 novas usinas térmicas alimentadas a carvão. Com essa espécie de potência negativa, os países não precisam ser ricos e bem armados para influenciar o comportamento dos grandes Estados. O problema, como a experiência com o Protocolo de Montreal demonstra, não é que eles podem impedir a conclusão de um acordo mas que podem recusar-se a assinar, ratificar ou implementar um acordo a menos e até que suas preocupações econômicas e outras tenham sido sanadas.

As nações ocidentais poderão estar sob crescente pressão dos seus próprios cidadãos para aceder às exigências de países em desenvolvimento, se é isso o que se precisa fazer a fim de garantir a plena participação deles em convenções internacionais sobre o meio ambiente. As apreensões públicas com o meio ambiente vêm aumentando constantemente desde fins da década de 1960, e nos últimos anos da década de 1980 atingiu os mais altos níveis jamais registrados. Movimentos ambientalistas cresceram rapidamente e aumentaram sua influência (como no Canadá, Estados Unidos e numerosos países da Europa Ocidental). Partidos ambientalistas surgiram em vários países em níveis nacional, estadual e local (como na Austrália, França, Alemanha, Itália, Suécia, Reino Unido e no Parlamento Europeu). Em nenhum lado obtiveram votações expressivas, mas sua existência forçou os partidos institucionais a adotarem programas mais verdes. Em 1988, a pressão política tornara-se suficientemente forte em muitos países para forçar líderes a submeterem-se a batismos públicos como ambientalistas "desde criancinhas". Em 1989, o governo holandês caiu por causa da complexa política em torno de uma série de iniciativas ambientais propostas.

As questões ambientais também pularam para os primeiros lugares da agenda na maioria das organizações internacionais e para reuniões dos conselhos de administração de muitas *corporations*. Passaram a ser características permanentes das reuniões anuais de cúpula das potências econômicas que constituem o G7, congregando as sete maiores democracias industriais (os Estados Unidos, Japão, Alemanha, França, Grã-Bretanha, Itália e Canadá).[20] O Encontro de Cúpula em Toronto, em 1988, endossou o conceito de desenvolvimento sustentável. Em 1989, Paris foi algo como uma educação para os líderes, habilitando-os a começar a emparelhar com a opinião pública de seus próprios países. Houston, em 1990, continuou essa educação.[21]

Ao iniciar-se a década de 1990, o debate sobre questões ambientais em nível internacional tinha adquirido todas as características de uma indústria do crescimento em partes da Europa, Austrália, Canadá, Japão e, em menor extensão, os Estados Unidos. A recessão econômica iniciada em fins de 1990 retirou o meio ambiente da lista de prioridades nas pesquisas de opinião, mas os pesquisadores concordam em que mesmo se uma "recessão ambiental" viesse a acompanhar a recessão econômica, não seria de longa duração e não afetaria a tendência básica, que tem sido uma ascensão gradual desde fins da década de 1960. Os valores ambientais estão profundamente embutidos na sociedade ocidental e converteram-se numa legítima força política.[22]

Historicamente, a politização das questões ambientais globais começa no plano nacional. O processo difere muito de país para país, refletindo diferenças tanto na geografia quanto nos sistemas econômico e político. Muitos países que são geograficamente "upstream" e tecnologicamente avançados, como os Estados Unidos, Japão, Alemanha e o Reino Unido, consideram comparativamente fácil traçar uma distinção entre questões que são internas e aquelas que são internacionais. No tocante a estas últimas, os líderes tendem a ressaltar as incertezas envolvidas e a sublinhar a importância de maior monitoração, pesquisa e dados adicionais, antes de serem adotadas medidas concretas. Embora claramente necessário, isso é freqüentemente visto como um meio de protelar os custos econômicos e políticos associados a uma ação real. Outros países que são tecnologicamente avançados mas geograficamente "downstream" em relação aos seus vizinhos, como o Canadá, a Noruega e a Holanda, têm mais dificuldade em distinguir entre questões internas e internacionais. A política ambiental interna funde-se facilmente com a política ambiental internacional. Com a maior sensibilidade da política interna para as questões humanas básicas, porém, as noções de "upstream" e "downstream" estão começando a perder seu significado.

A maioria das questões ambientais passa por um ciclo de vida conforme se mostra na Figura 3.2. O conflito político é mais intenso no início, usualmente depois que cientistas ou ambientalistas identificaram o problema, digamos, um produto químico perigoso como os PCBs (difenilos clorados) ou os asbestos, ou a chuva ácida que atinge a Nova Inglaterra e o leste canadense. As pessoas exigem ação, as indústrias resistem a isso e o governo vacila. A descoberta de PCBs em leite materno, ou um acidente grave como Three Mile Island, transfere a controvérsia de se um problema realmente existe para o que fazer a seu respeito. O debate intensifica-se quando as partes contendoras tentam evitar responsabilidades e transferem o custo da ação para outrem, na grande maioria das vezes para o contribuinte. A implementação da política ambiental de reação-e-cura pode ter um sério impacto sobre uma indústria ou comunidade específica, uma vez estabelecida, a atenção pública declina e o governo cai na rotina da regulamentação e controle cotidianos (ver Apêndice 5).

FIGURA 3.2. O ciclo de vida de uma política.

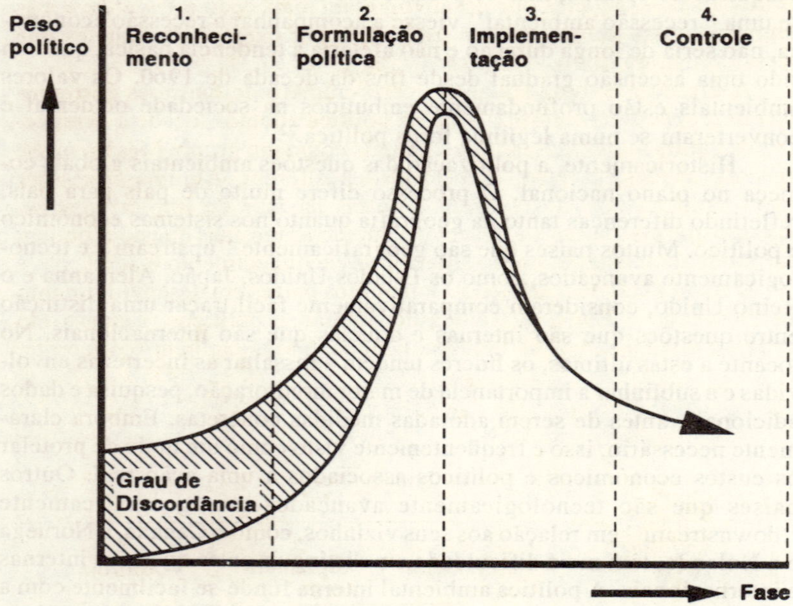

Em conseqüência desse ciclo vital de uma política, as prioridades nacionais para ação ambiental diferem entre países. O Japão e o Estado da Califórnia lideram no combate à poluição atmosférica porque foram os primeiros a enfrentar sérios problemas urbanos de qualidade do ar. Do mesmo modo, os Estados Unidos e a Holanda estão na dianteira no que se refere à limpeza dos vazadouros de lixos tóxicos, porque acidentes como os do Love Canal e de Lekkerkerk (o *Love Canal* da Holanda) forçaram esses países a agir. Os países da Europa Oriental e os países em desenvolvimento estão mais preocupados a respeito de questões que no passado foram enfrentadas e solucionadas pela maioria dos países ocidentais — ameaças diretas à saúde humana, por exemplo, causadas pela falta de redes de esgoto e pela contaminação de água potável e das cadeias alimentares. Os países em desenvolvimento também estão preocupados a respeito de questões que nunca tiveram a mesma prioridade em países ocidentais: o crescimento de desertos, a perda de florestas e espécies, e a destruição de áreas costeiras. Por conseguinte, diferentes países levam diferentes agendas ambientais para as mesas de conferências internacionais. Isso poderá impedir e, com freqüência, impede o progresso para um acordo. Ao mesmo tempo, entretanto, poderá facilitar as negociações entre grupos auto-selecionados de países — aqueles que desenvolveram mais cedo o *know-how* e as tecnologias para solucionar um problema, por exemplo, e aqueles que necessitam agora dessa *expertise*.

A Figura 3.3 tenta situar um certo número de questões correntes em seus respectivos ciclos de vida da política adotada, desde a perspectiva dos países industrializados ocidentais como um grupo. Mesmo nesse grupo de nações, é claro, as prioridades diferem. Algumas questões podem estar na fase de controle e outras na fase de implementação, enquanto que nos países em desenvolvimento as mesmas questões podem estar ainda num estágio muito anterior de reconhecimento e ação.

O nível geral de consciência em muitos países em desenvolvimento está crescendo.[23] Entre os líderes de opinião e políticos, é quase tão elevado quanto nos países industrializados.[24] Mas também é diferente,

FIGURA 3.3. Situação atual do desenvolvimento tecnológico, países industrializados.

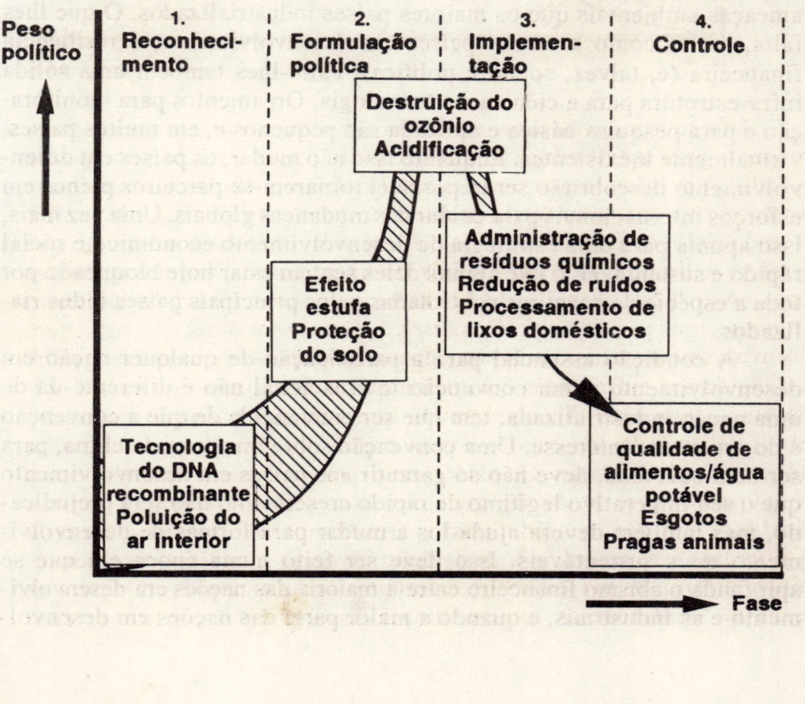

com muito maior ênfase nos imperativos políticos de rápido desenvolvimento econômico.[25] Em muitas nações industrializadas, as questões ambientais estão no topo ou perto do topo da agenda política. Nos países em desenvolvimento, a política ambiental ainda tem um longo caminho a percorrer antes de começar a desalojar as preocupações tradicionais com linha política central do desenvolvimento. Enquanto prevalecer essa diferença, os líderes dos países em desenvolvimento podem e tentarão negociar a ação em questões ambientais de interesse político para os países industrializados contra a ação em questões econômicas, comerciais, dívida externa e eqüidade, que são as de interesse prioritário para os países em desenvolvimento.

De fato, eles têm pouca opção. Como um grupo, os países em desenvolvimento podem ser muitíssimo mais dependentes de recursos radicados na biosfera do que a maioria dos países industrializados. Também podem ser mais vulneráveis aos efeitos de certos tipos de mudança ambiental global do que os países industrializados. Mas sua capacidade para mudarem isso e defenderem-se contra as ameaças ambientais só pode ser aumentada através de formas sustentáveis de desenvolvimento econômico e social. Além disso, países de grande extensão territorial, como a China, a Índia e o Brasil, desfrutam do mesmo grau de resiliência geográfica ao aquecimento global, desertificação e outras ameaças ambientais que os maiores países industrializados. O que lhes falta, assim como a outros países em desenvolvimento, é resiliência financeira (e, talvez, social e política). Falta-lhes também uma sólida infra-estrutura para a ciência e a tecnologia. Orçamentos para monitoração e para pesquisa básica e aplicada são pequenos e, em muitos países, virtualmente inexistentes. Enquanto isso não mudar, os países em desenvolvimento descobrirão ser impossível tornarem-se parceiros plenos em esforços internacionais para cuidar das mudanças globais. Uma vez mais, isso aponta para uma estratégia de desenvolvimento econômico e social rápido e sustentável, o que alguns deles sentem estar hoje bloqueado por toda a espécie de barreiras controladas pelos principais países industrializados.

A condição essencial para a participação de qualquer nação em desenvolvimento numa convenção internacional não é diferente da de uma nação industrializada: tem que ser convencida de que a convenção é do seu maior interesse. Uma convenção sobre mudança de clima, para ser bem-sucedida, deve não só garantir aos países em desenvolvimento que o seu imperativo legítimo de rápido crescimento não será prejudicado, mas também deverá ajudá-los a mudar para formas de desenvolvimento mais sustentáveis. Isso deve ser feito numa época em que se aprofunda o abismo financeiro entre a maioria das nações em desenvolvimento e as industriais, e quando a maior parte das nações em desenvolvimento enfrenta enormes pressões econômicas, internas e internacionais, para explorar ao máximo sua base de recursos ambientais. Uma convenção que não faça isso pode ser assinada, pode até ser ratificada, mas não será implementada.

Os temores de conflito nuclear que outrora exerceram enorme influência no espírito das pessoas e se traduziram em apoio político para as instituições de defesa maciça dos dias de hoje, estão em franco declínio. Mas certas ameaças ambientais poderão acabar tendo o mesmo poder sobre as mentes das pessoas. Tanto as armas nucleares quanto algumas formas de degradação ambiental criam ameaças letais, uma comparável talvez a um ataque cardíaco, a outra ao câncer. As negociações ambientais poderão adquirir algumas das características das negociações de armas, mas diferem em, pelo menos, um importante aspecto: a fonte de poder das partes importantes. Para usar o armamento nuclear como peso político, um país deve ser militar, tecnológica e economicamente forte. Os países não precisam ser ricos e poderosos para empregar questões ambientais como forma de influência.

O Tratado de Não-Proliferação (TNP) fornece um interessante paralelo. Proibiu àqueles Estados que possuem armas nucleares que as transfiram para Estados não-nucleares, ou que transfiram o *know-how*, tecnologia ou materiais requeridos para a fabricação de armas nucleares. Teve amplo apoio na comunidade internacional, uma vez que a proliferação de armas nucleares criaria uma grave ameaça para o mundo como um todo. Foi assinado em Londres, Moscou, Washington, e 58 nações não-nucleares em 1º de julho de 1968, entrando em vigor no ano seguinte. Até março de 1990, 141 Estados já tinham assinado o tratado e 140 ratificaram-no, mas um número de países-chave, com forte capacidade nuclear, não tinha feito uma coisa nem outra. Incluídos nesse número estão o Brasil, a China, a França, a Índia, o Iraque, Israel, o Paquistão e a África do Sul. Essas nações apresentaram numerosas razões para a sua não-participação mas, basicamente, acusam o TNP de ser discriminatório. Ele divide as nações em dois grupos: as potências nucleares, a quem se pode "confiar" um arsenal nuclear e que desfrutam dos privilégios do poder sem restrições; e todas as outras nações que devem aceitar restrições e controles. O fato de que a maioria dos não-participantes são nações do Terceiro Mundo é instrutivo: esses países também argumentam que o TNP impede o progresso deles ao impor restrições ao desenvolvimento da energia nuclear para fins pacíficos.[26]

As questões ambientais globais só recentemente ganharam o primeiro plano, e a estrutura do poder político no tocante a essas questões não foi formada. Entretanto, os países em desenvolvimento estão levantando a voz e os preparativos para a Eco-92 no Brasil dar-lhes-a uma oportunidade para repensar sua estratégia sobre questões ambientais como forma de ação para alcançarem suas metas de desenvolvimento. A geopolítica da mudança ambiental global tornou-se hoje um assunto de importância vital para todos os países.

Ampliação do Conceito de Segurança Nacional

As ameaças à segurança nacional têm sido tradicionalmente definidas, em grande parte, em termos de ameaças externas de agressão violenta contra pessoas, comunidades e a integridade territorial de Estados. Na maioria dos países, por conseguinte, o debate sobre segurança gravita em torno do reduzido foco de questões militares. As questões não-militares só são ponderadas quando se relacionam diretamente com a capacidade militar do país, incluindo seu acesso a fontes externas de matérias-primas e recursos energéticos que são considerados vitais para o bem-estar nacional.[27]

As perspectivas tradicionais sobre as relações entre recursos e segurança participam num enfoque igualmente estreito, o qual remonta à noção mercantilista de minérios estratégicos como medida de poderio nacional. Ainda hoje, o *Informe Anual sobre a Situação*, de autoria do Estado-Maior Conjunto dos Estados Unidos, inclui um quadro de dependência mineral.[28]

Requere-se uma perspectiva mais ampla. As ligações entre recursos e segurança já não estão limitadas aos clássicos fatores geopolíticos de localização, terra, minérios e rotas marítimas e outros corredores de transporte. Como esta análise procurou demonstrar, a degradação ambiental, a exaustão de recursos e a segurança de acesso a reservas cada vez mais escassas de energia e de outras matérias-primas podem ser causas muito mais importantes de conflito humano e entre Estados no futuro. Isso já pode ser evidente no deslocamento para o sul dos conflitos em grande escala. A maioria dos conflitos sérios ocorridos nos últimos 45 anos tiveram lugar no Sul, e os ódios religiosos e raciais, a par de velhas disputas territoriais subjacentes em muitos deles, podem ter sido agravados pela destruição ambiental, pobreza e declínio econômico. Esses fatores poderão também reforçar o potencial para conflito no futuro.[29]

Um conceito mais amplo de segurança, abrangendo as ameaças ambientais, resultaria numa outra extensão do tradicional paradigma de "equilíbrio de forças". Ele estabelece que, na ausência de um tratado de segurança mútua, a paz somente pode ser mantida quando as nações ou blocos contendores mantêm um equilíbrio de forças entre eles. Depois da II Guerra Mundial, surgiu um equilíbrio bipolar de forças, e Leste e Oeste esforçaram-se por maximizar suas capacidades militares e outras a fim de conservarem seus respectivos lugares nesse equilíbrio. A ajuda econômica norte-americana à Europa e ao Japão não só exibiu sua supremacia mas também ajudou a aumentar a capacidade de suas várias alianças e a estimular a economia internacional. A dependência mútua aumentou gradualmente quando as economias locais passaram a estar interligadas com as de outros países. A interdependência econômica tornou-se um fato e uma condição prévia para a segurança nacional, e uma redefinição de segurança nacional passou a ser necessária. Foi ampliada de modo a incluir dimensões econômicas internacionais, e o paradigma do "equilíbrio de forças" começou a internalizar o conceito de interdependência econômica.[30]

De que modo um conceito ainda mais amplo de segurança nacional poderia ser expresso? Obviamente, continuaria pressupondo a existência de nações e blocos rivais. Mas os alvos externos que preocupam a segurança não têm que ser limitados a outros Estados; nem as ameaças externas têm que limitar-se a agressões patrocinadas pelo Estado. Se a segurança nacional fosse definida mais amplamente como a capacidade de deter e repelir as ameaças à subsistência das pessoas e à integridade e sobrevivência territoriais de nações-Estados, ela englobaria também ameaças não-militares como poluição ambiental, o colapso dos sistemas de apoio à vida e ao alimento, ou a "invasão" de desertos e oceanos.

Uma interpretação ambiental de segurança nacional é simplesmente uma extensão da interpretação econômica, uma vez que o capital ecológico é necessário ao desenvolvimento econômico, e seu esvaziamento pode seriamente desintegrar — na verdade, destruir — as perspectivas econômicas e a estabilidade política de um país ou região. Por causa das múltiplas raízes da interdependência ecológica e de suas relações complexas, até os mais ricos e poderosos países não podem proteger-se das conseqüências da mudança. A interdependência econômica aumentou a dependência dos países em desenvolvimento das nações industrializadas. A interdependência ecológica também aumentou, embora com freqüência na direção inversa, a dependência de países industrializados como o Japão, cada vez mais dependente dos países em desenvolvimento. Esse fato poderá levar alguns países em desenvolvimento a argumentar contra a cooperação com países industrializados nas questões de mudança global, a menos que (e até que) tenham extraído um preço para essa cooperação. A possibilidade de impor alguma forma de "hegemonia ecológica" por meios econômicos sub-reptícios parece remota, embora alguns possam tentá-la e alguns sugiram, sem dúvida, que está sendo tentado mesmo quando não o está.

Durante a II Guerra Mundial foi reconhecido que novas formas de cooperação econômica internacional se faziam necessárias. O resultado foi a criação do Fundo Monetário Internacional (1944), do Banco Mundial (1944) e, finalmente, do GATT (1948). Seguiu-se-lhes uma nova onda de organizações regionais como a OCDE (1960) e organizações globais como a UNCTAD (1964). Hoje, as nações estão ligadas no que a OCDE chamou teias de "interdependência econômica e ecológica,"[31] e a que chamamos "o entrelaçamento da economia do mundo com a ecologia da Terra". Num mundo interdependente, a segurança nacional só pode ser assegurada por novas e cada vez mais sólidas formas de cooperação internacional.

A mudança ambiental global alterará profundamente o atual quadro geopolítico. Aumentará a dependência entre nações e regiões, desse modo incrementando substancialmente o peso político do Sul. Alterará as relações de poder entre nações e contribuirá para uma atmosfera mais propensa, de um modo geral, a conflitos intestinos e internacionais. Para prevenir e frustrar alguns dos perigosos e desestabilizadores riscos internacionais que a mudança ambiental apresenta, será necessária uma ação internacional de bases amplas e inadiáveis. O próximo capítulo examinará várias abordagens de tal ação.

4

Para uma Ação Global

As ameaças ao bem-estar econômico e à segurança nacional em decorrência de colapso ambiental, o desejo de obter ou de proteger o acesso a escassos recursos energéticos e outros, e a desintegração potencial dos sistemas que sustentam a vida, são maiores hoje do que quaisquer ameaças previsíveis resultantes dos armamentos convencionais. Quando essas ameaças partem da expansão militar por uma potência hostil, como no Golfo Pérsico em agosto de 1990, nações e blocos regionais de defesa reagem com uma mobilização maciça de recursos diplomáticos, militares e outros. Mas no caso de ameaças a mais longo prazo de destruição ambiental e esvaziamento de recursos, a comunidade mundial parece incapaz de armar uma resposta efetiva. Por quê?

As razões residem em parte no fato de que a consciência da escala e conseqüências das ameaças ambientais só agora começa penetrando nos conselhos mundiais e, em parte, na complexidade das questões de mudança global. Quando essas ameaças são consideradas contra um pano de fundo dominado por interdependência ecológica e econômica, e por rápida mudança e conflito, elas apresentam-se como complexas síndromes geopolíticas que desafiam as formas vigentes de governo. Medidas para as anular em sua origem defrontam-se com valores e aspirações, visões do futuro e códigos de comportamento político que estão profundamente enraizados em nossas sociedades. Envolvem interesses nacionais e regionais que transpõem fronteiras de muitas maneiras diversas e conflitantes. Também levantam a espinhosa questão de acesso eqüitativo ao ecossistema e recursos da Terra, e à tecnologia e riqueza do mundo.

A destruição da camada de ozônio, a mudança climática, a poluição do meio ambiente marinho e questões semelhantes são de natureza essencialmente global. Mas há considerável margem para a ação nacional unilateral, porquanto muitas das medidas propostas para impedir ou reduzir essas ameaças aumentariam a eficiência macroeconômica e a competitividade internacional. Além disso, entretanto, a ação internacionalmente coordenada é essencial. Considere-se o caso da mudança de clima, seguramente a questão mais crítica com que se defronta o mundo de hoje. Isso é evidenciado pela Figura 4.1, a qual mostra as atuais contribuições de diferentes regiões para as emissões de gás de estufa (GHG), expressas em equivalentes de CO_2.

A declaração final da Conferência de Toronto sobre Mutações Atmosféricas, em junho de 1988, apelou para a comunidade mundial a fim de estabilizar as concentrações atmosféricas de dióxido de carbono, uma meta que exigiria uma redução de 60% a 80% na queima de combustível fóssil.[1] Como alvo inicial, a conferência propôs que as nações reduzissem em 20% os níveis de 1988 até 2005, com o maior impacto dessa redução sendo suportado pelos países industrializados. Uma série de conferências subseqüentes ecoou esse apelo de Toronto,

FIGURA 4.1. Contribuição para o aquecimento global: distribuição dos gases geradores do efeito estufa produzidos pelo homem, 1985.

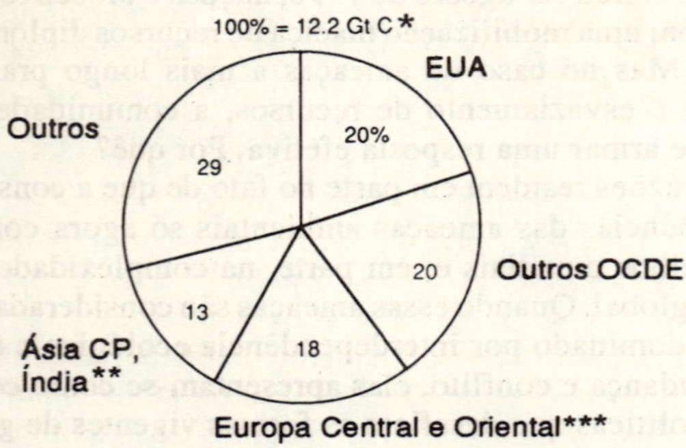

Fonte: EPA; U.N.; Greenpeace; Compilado por McKinsey & Company.

* Expresso em equivalentes de CO_2: a avaliação mais elevada da contribuição relativa de metano elevaria a proporção atribuída às nações em desenvolvimento em aproximadamente 5% e reduziria a da OCDE e da Europa Oriental. ** Ásia e subcontinente indiano centralmente planejados (principalmente Bangladesh, China, Índia e Paquistão). *** Inclui a URSS

com pequenas variações. A mais importante delas, a Segunda Conferência Mundial sobre o Clima, reuniu-se em Genebra a 29 de outubro de 1990. Após vários dias de sessões científicas assistidas por 700 dos mais eminentes cientistas mundiais, a conferência encerrou-se em 6 e 7 de novembro com uma reunião ministerial de dois dias que contou com a presença de chefes de Estado, ministros e delegados de 137 países e das Comunidades Européias.

O Painel Intergovernamental sobre Mudança Climática, que se reunira durante os 18 prévios meses a fim de preparar a conferência, produziu três relatórios que forneceram o ponto de partida para aquela. O primeiro e mais importante foi "Avaliação Científica da Mudança de Clima", elaborado por uma comissão de cientistas sob a presidência do Reino Unido e refletindo o trabalho de várias centenas de cientistas de 25 países.[2] É a mais autorizada, peremptória e fortemente apoiada declaração sobre mudança climática até hoje feita pela comunidade científica internacional e fornece o fundamento científico para as estratégias adequadas com vistas à limitação e adaptação às mudanças climáticas. A conclusão principal da conferência reflete-se nestas palavras: "Sem ação para reduzir emissões, prevê-se que o aquecimento global atinja de 2 a 5 graus ao longo do próximo século, uma taxa de mudança sem precedentes nos últimos 10.000 anos. Espera-se que o aquecimento seja acompanhado de uma elevação do nível do mar de 65 cm ± 35 cm em fins do século XXI. Subsistem incertezas nas previsões, principalmente no que se refere ao momento, amplitude e padrões regionais de mudança climática."[3] Quanto à faixa prevista de "2 a 5 graus", a conferência arredondou a faixa estabelecida pelo IPCC de 2,6 a 5,8 graus Celsius.

O segundo relatório do IPCC sobre "Impactos Potenciais da Mudança de Clima" foi produzido por uma comissão de cientistas sob a presidência da União Soviética.[4] Também congregou o trabalho de várias centenas de cientistas de um grande número de países. E corroborou e ampliou o trabalho anteriormente mencionado, documentando as conseqüências potencialmente catastróficas do aquecimento global e da elevação do nível do mar sobre os recursos de água potável, agricultura e abastecimento de produtos alimentares, florestas e espécies, oceanos e zonas costeiras, cidades e outras povoações, e segurança nacional. Na posse de todos esses dados fundamentais, a conferência ministerial concluiu que "as conseqüências potencialmente sérias da mudança climática, incluindo o risco para a sobrevivência em Estados situados em terras baixas e em pequenas ilhas, bem como em algumas regiões costeiras ao nível do mar e regiões áridas e semi-áridas de todo o mundo, fornecem razões suficientes para começar adotando estratégias de resposta, mesmo em face de significativas incertezas".[5]

O terceiro relatório do IPCC, sobre a "Formulação de Estratégias de Resposta", deveria ter fornecido uma sólida base para tais estratégias.[6] Mas não forneceu. Não aproveitou as conclusões oferecidas pelas avaliações científicas e os impactos dos dois outros relatórios, com suas recomendações claras para a ação por nações, grupos de nações e a comunidade internacional como um todo. Presidida pelos Estados Unidos e dominada por diplomatas, foi incapaz de eliminar o crescente hiato entre a maioria de nações industrializadas que querem tomar desde já a iniciativa no problema do aquecimento global, e uma pequena minoria de Estados industrializados e Estados do Golfo que querem adiar indefinidamente qualquer ação.

A conferência foi palco de intensas negociações entre esses dois grupos, um liderado pelas Comunidades Européias e algumas nações da Associação Européia de Livre Comércio (EFTA), o outro pelos Estados Unidos e incluindo a União Soviética, a Arábia Saudita e os demais Estados petrolíferos do Golfo. Dois dias depois de os cientistas terem concluído sua deliberações, as seis nações da EFTA juntaram-se às 12 nações das Comunidades Européias e concordaram em "iniciar ações visando a estabilização de suas emissões de CO_2, ou de CO_2 e outros gases de estufa não controlados pelo Protocolo de Montreal por volta do ano 2000, ao nível de 1990".[7] Com efeito, estabeleceram um teto para a Europa Ocidental como um todo, uma "bolha" no interior da qual as reduções por nações, individualmente consideradas, podem variar mas a Europa Ocidental em seu todo reduziria as emissões aos níveis de 1990 por volta do ano 2000. Canadá, Austrália e Nova Zelândia adotaram a mesma meta, embora com algumas restrições. O Japão, finalmente, alinhou-se com os Estados Unidos e anunciou uma meta semelhante,[8] embora calculada numa diferente base.[9] Mas os Estados Unidos, a par da União Soviética e dos Estados do Golfo membros da OPEP, continuaram opondo-se a uma ação imediata para reduzir as emissões de dióxido de carbono geradas pelo combustível fóssil.

A posição dos países em desenvolvimento variou muito mas os maiores países, incluindo o Brasil, China e Índia, reiteraram sua posição essencial de que qualquer acordo internacional deve levar em conta suas preocupações básicas sobre eqüidade. Não aceitarão compromissos que estabeleçam obrigações legais para reduzir atividades econômicas geradoras de gases de estufa a menos que recebam ajuda para financiar os consideráveis investimentos requeridos para tal ação, e a menos que obtenham garantias a respeito da transferência de tecnologias alternativas numa base "preferencial e não-comercial". Alguns também insistem numa garantia de que as verbas envolvidas são adicionais ao normal financiamento para o desenvolvimento.[10]

A conferência solicitou "o início sem demora de negociações no âmbito de uma convenção sobre mudanças de clima", acrescentando ser "*sumamente desejável* que seja assinada no Rio de Janeiro, durante a

Conferência das Nações Unidas sobre Meio Ambiente e Desenvolvimento, uma *convenção efetiva* sobre mudanças de clima *que contenha compromissos apropriados*, assim como quaisquer instrumentos afins sobre os quais possa haver acordo na base de consenso" (o grifo é nosso). Dadas as divergências básicas reveladas na conferência, essa data-limite parece ser ingenuamente otimista. É altamente improvável que essas diferenças possam ser superadas e o esquema de uma convenção "efetiva" negociado no curto prazo de 20 meses entre Genebra e o Rio. A complexidade das questões conjugada com as acentuadas divergências em interesses nacionais e empresariais vaticinaria anos de intensa negociação e barganha antes de se chegar a um acordo que satisfaça até um teste mínimo de imparcialidade e aceitabilidade política.

Os governos poderiam ter uma convenção básica pronta para assinatura pelos Chefes de Estado em junho de 1992, se estivessem dispostos a concordar com uma convenção "vazia" e não "efetiva" — nada mais do que uma espécie de índice de assuntos para um acordo mais substancial a ser negociado ulteriormente por seus sucessores no cargo. As conseqüências disso serão discutidas mais adiante.

Uma convenção global "efetiva" sobre mudanças de clima é, evidentemente, essencial. Nenhum grupo de nações pode esperar limitar o aquecimento global por conta própria. Mesmo as nações da OCDE em conjunto respondem por apenas cerca de 40% do total de emissões de gases de estufa. Além disso, como se assinalou, qualquer redução do combustível fóssil ou das emissões de CFC nos países da OCDE poderia ser neutralizada por aumentos em meia dúzia de importantes países em desenvolvimento. Pela primeira vez na história, as nações do mundo *devem* cooperar. A interdependência econômica e ecológica tem seus imperativos.

As nações economicamente avançadas da OCDE têm uma responsabilidade especial por iniciativas para reduzir os índices de mudança climática, reverter o desmatamento e a perda de solos e espécies, e modificar um comportamento ecologicamente perverso. Além de dar um exemplo, suas atividades econômicas e comerciais são historicamente responsáveis por uma participação descomunal na degradação ambiental global e na exaustão de recursos naturais, e só elas possuem a riqueza e a capacidade científica e institucional para produzir e agir agressivamente de acordo com uma abrangente estratégia global.[11]

As principais metas para uma ação metódica variam entre países. No caso do aquecimento global, como se pode ver na Figura 4.2, as metas variam desde o combustível fóssil e os usos de CFC nos países da OCDE até a agricultura e o desmatamento em países em desenvolvimento. Muitas das políticas requeridas para influenciar os grupos-alvo comportam riscos sociais e políticos a curto prazo. Não se pode esperar que líderes do Terceiro

FIGURA 4.2. Emissões de gases causadores do efeito estufa em conseqüência de ação humana: percentagem de equivalentes de CO_2, 1985

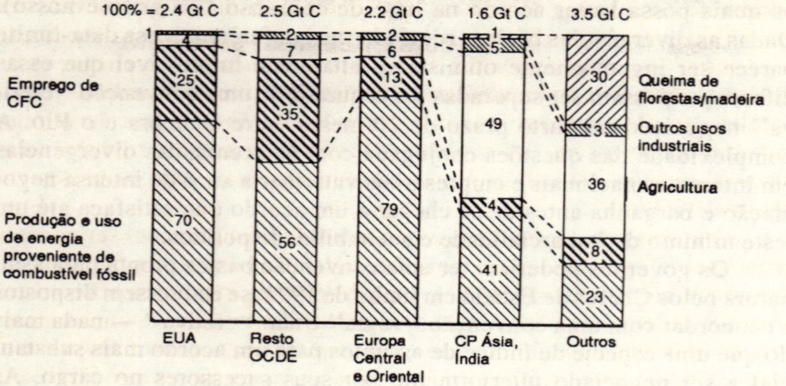

Fonte: McKinsey & Company

Mundo suportem esses riscos senão *depois* que os líderes dos países industrializados tiverem demonstrado que estão preparados para aceitá-los. De momento, o desempenho das principais nações ocidentais não indica tal determinação. Ao invés de sua retórica política, seus programas e orçamentos encorajam, de um modo geral, níveis mais elevados de consumo de combustível fóssil, a exaustão de solos, florestas e águas, e a transferência de tecnologias ecologicamente insustentáveis.

Para que acordos internacionais possam ser negociados e implementados com êxito, as nações ocidentais devem também garantir aos países em desenvolvimento que os seus legítimos imperativos de rápido crescimento e mais sustentáveis formas de desenvolvimento não serão bloqueados. A Conferência de Toronto expressou esse ponto com inteira clareza no contexto do aquecimento global. Ao assinalar que o "imperativo de crescimento" necessitaria de uma série de medidas, incluindo um significativo uso de energia adicional nos países em desenvolvimento e reduções compensatórias nos países industrializados, declarou: "A transição para um futuro sustentável exigirá investimentos em eficiência energética e em fontes de energia não-fóssil. Para garantir a ocorrência desses investimentos, a comunidade global deve não só sustar a atual transferência líquida de recursos dos países em desenvolvimento mas, na realidade, invertê-la."[12]

A liderança está começando a surgir tanto nos países industrializados quanto nos países em desenvolvimento, e numerosos acordos já foram concluídos para enfrentar as questões de mudança global.[13] Eles podem adotar a forma de planos de ação internacional ou de convenções em âmbito regional ou global. Algumas iniciativas foram bem-sucedidas mas outras — como os planos de ação para combater a propagação de desertos e fornecer água para comunidades do Terceiro Mundo — foram paralisadas por falta das verbas prometidas.[14] Ainda outras estão num impasse porque as nações ocidentais foram incapazes ou relutantes em discutir questões de eqüidade que são fundamentais para os países em desenvolvimento.

Que roteiros para a cooperação internacional parecem ser os mais promissores para uma ação concreta? Há duas escolas principais de pensamento. Uma favorece a negociação de novas e importantes convenções e protocolos, envolvendo possivelmente a criação de uma superagência com responsabilidades em escala mundial. A outra é favorável a uma abordagem multiforme, pela qual as negociações sobre possíveis convenções e protocolos globais seriam mantidas mas, nesse meio tempo, seriam aproveitadas as oportunidades para ação concreta, à medida que fossem surgindo — ação nacional unilateral, ação bilateral e ação por pequenos grupos auto-selecionados de nações. Esta escola está preocupada com o tempo requerido para a negociação e implementação de convenções significativas que poderão envolver até 160 nações independentes. Uma convenção tem que ser negociada, depois assinada, depois ratificada e depois implementada. Poderão transcorrer décadas antes que os sistemas climáticos do mundo comecem reagindo à redução das emissões de dióxido de carbono exigida por uma convenção — supondo-se que ela seja posta em vigor. Podemos não dispor de décadas para limitar o aquecimento global, reverter o desmatamento líquido e sustar a extinção maciça de espécies vegetais e animais.

Uma abordagem pluralista ou oportunista desenvolver-se-ia paralelamente aos esforços em curso para negociar novas e importantes convenções e protocolos, mas reforçá-los-ia com numerosas negociações entre indústrias, setores e grupos seletos de Estados em torno de uma série de atividades específicas. Extrairia vantagens das diferenças entre nações e grupos-alvo para realizar negociações, acordos, convênios e ajustes que poderiam melhorar a situação de todas as partes envolvidas. Afortunadamente, diferenças na eficiência com que diversas indústrias, setores e economias usam energia e outros recursos, diferenças nas tecnologias que empregam, e diferenças no modo como o desmatamento, a perda de espécies e outras ameaças ambientais afetam diferentes comunidades, todas apresentam significativas oportunidades para negociações mutuamente vantajosas. Pequenas negociações poderão ser tão numerosas e diversas quanto as próprias questões e as nações e instituições não-governamentais envolvidas. Menos ambiciosas do que os acordos globais, poderiam solucionar questões de interesse imediato. Poderiam fornecer um meio de quebrar os moldes tradicionais, construindo gradualmente uma base de confiança em novas combinações e desenvolvendo a capacidade institucional e política para trabalhar em escalas mais vastas. Também habilitariam um certo número de nações industrializadas e desenvolvidas, assim como organizações internacionais, a adquirir experiência e credibilidade. Além disso, como envolveriam um número limitado de nações, seria mais fácil negociar, encontrar recursos financeiros e implementar as medidas que viessem a ser aprovadas. Até mesmo ajustes informais envolvendo organizações e redes não-governamentais poderiam ser eficazes em muitas áreas. Com o tempo, um grande número de pequenas negociações enriqueceria os contornos de uma negociação global mais ampla, envolvendo a maioria dos países do mundo num esforço unido para garantir a qualidade do nosso meio ambiente.[15]

Consideremos agora o potencial para conceber e dar forma a uma variedade de negociações. Depois abordaremos o caso da mudança de clima: quanto custaria a redução dos gases de estufa e quais são as várias opções para dotar de verbas as negociações sobre aquecimento global. O potencial para negociações nacionais e ação unilateral será considerado antes de abordarmos a questão mais ampla das instituições para negociações globais. Algumas das maiores oportunidades para fortalecer as instituições existentes e negociar convenções globais serão consideradas, focalizando uma vez mais o aquecimento global.

Dando Forma às Negociações Globais

A noção de uma "negociação global" suscita muitas imagens, especialmente no amplo contexto do desenvolvimento sustentável, conforme examinado ao longo deste livro.[16] Em seus mais simples termos, uma negociação envolve, pelo menos, duas partes e duas questões. Subentende uma troca, a cedência de uma vantagem a fim de se obter outra considerada mais desejável, entre as partes e em torno das questões. Assim, o grupo de nações, desenvolvidas e em desenvolvimento, que se reuniu para entabular negociações, tem de concordar em renunciar a alguma coisa a fim de obter alguma outra coisa. Por via de regra, renunciarão a um caminho de desenvolvimento num dado setor que é insustentável e representa, portanto, uma ameaça para eles próprios e para as outras nações negociadoras ou para a comunidade global. Desejariam obter os meios para adotar um caminho alternativo, mais sustentável e menos ameaçador de desenvolvimento nesse setor. Inúmeros fatores podem ser empregados para facilitar a transação: outras questões, transferência de tecnologia, financiamento especial, pressão política interna.

As negociações podem envolver duas ou mais nações. Mesmo quando pequenas em função do número de participantes envolvidos, elas podem abranger uma proporção significativa de uma questão. Dois terços da população do mundo estão contidos em apenas 12 importantes geocentros: América do Norte, Comunidade Européia, Japão, União Soviética, Bangladesh, Brasil, China, Índia, Indonésia, México, Nigéria e Paquistão.[17] Juntos, esses geocentros controlam mais de metade das florestas do mundo, consomem mais de 85% de sua energia e geram uma proporção comparável de sua poluição, detritos tóxicos e gases produtores do efeito estufa. Cerca de 40% de todas as emissões de gases de estufa provêm dos Estados membros da OCDE, e 30% da Europa Oriental (incluindo a União Soviética), China e Índia. Do mesmo modo, dois terços da destruição recente de florestas tropicais ocorreram em seis países (Brasil com aproximadamente 45%, seguido pela Índia, Indonésia, Bir-mânia, Tailândia e Colômbia, com cerca de 5% cada).

Ao considerar-se uma negociação, é útil ter um processo em mente. Sugere-se um na Figura 4.3. É claro que em qualquer processo deve-se começar pelos objetivos. Para muitas nações, o objetivo primário numa negociação será ambiental — por exemplo, possibilitar uma redução no uso de CFCs ou a salvação de uma floresta rica em espécies. No caso de

FIGURA 4.3. Modelo de uma negociação global.

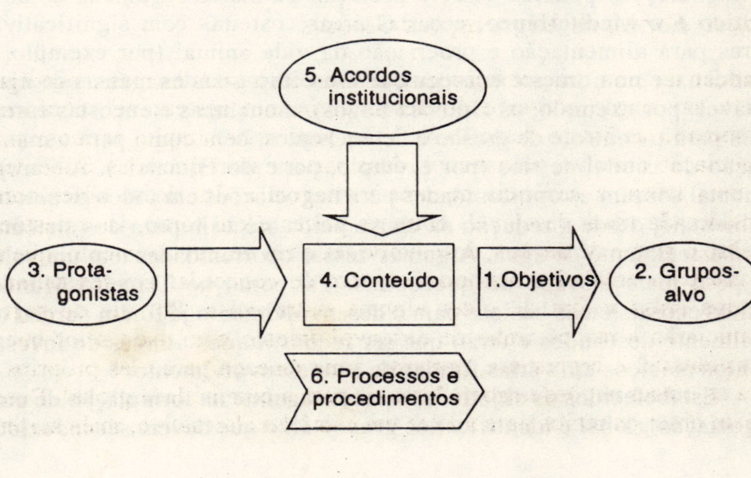

algumas nações, porém, o meio ambiente pode não ser mais do que um objetivo secundário ou mesmo terciário. Muitos países em desenvolvimento, por exemplo, podem compartilhar do objetivo ambiental mas pressões internas, provenientes do seu imperativo de crescimento, podem forçá-los a estar mais preocupados com um objetivo desenvolvimentista, como a redução da dívida ou o acesso a certos mercados ou tecnologias. Se os países industrializados na mesa de negociações não estiverem preparados para acolher essas questões e as vinculações existentes entre elas e os objetivos ambientais, o mais provável é que falte uma base sólida para qualquer negociação.

Que objetivos ambientais poderiam ser adequados para negociações globais? Ao considerar-se esta questão, seria útil dispor de um inventário oficial enumerando os ecossistemas críticos que constituem os órgãos vitais da Terra (por exemplo, seu coração, fígado, pulmões), e cuja proteção imediata é imperativo para o futuro desenvolvimento, a paz e a segurança. Mesmo sem tal inventário, é possível identificar um certo número de objetivos ambientais adequados para negociações.

Numa escala global, a camada de ozônio foi identificada como crucial e persuadir os países em desenvolvimento e os do Leste europeu para que tomem medidas que a protejam poderá ser o objetivo de um certo número de possíveis negociações. Do mesmo modo, medidas para ajudar países como a China e a Índia a reduzirem as emissões de gases geradores do efeito estufa devem ser prioritárias na lista de possíveis negociações. Medidas para reduzir a erosão do solo e a desertificação em algumas áreas e para proteger certas florestas ricas em espécies são outros exemplos de negociações potenciais. No nível regional ou local, as negociações poderão visar a proteção de mares regionais, como o Báltico e o Mediterrâneo, e certas áreas costeiras com significativas terras para alimentação e procriação da vida animal (por exemplo, o Waddenzee no noroeste europeu), assim como grandes massas de água potável (por exemplo, os Grandes Lagos), montanhas e encostas essenciais para o controle de erosão e de enchentes, bem como para a manutenção do caudal de rios (por exemplo, parte do Himalaia). À Europa Oriental sobram as oportunidades para negociações em todos os setores ambientais, desde a redução da chuva ácida até à limpeza dos sistemas de abastecimento de água. Algumas dessas oportunidades têm um valor ou peso mais elevado do que outras. Tal como no Terceiro Mundo, muitos ecossistemas básicos para o desenvolvimento já foram parcial ou totalmente destruídos e terão que ser reconstituídos através de investimentos maciços em várias formas de ecodesenvolvimento.[18]

Estabelecidos os objetivos, o passo seguinte na formulação de uma negociação global é identificar os grupos-alvo que devem ser induzidos a estudar sua situação corrente, sobretudo suas expectativas e necessidades, e a mudar seu comportamento. Na maioria das vezes, o comportamento ambientalmente perverso desses grupos é encorajado por políticas de desenvolvimento interno. Nos capítulos anteriores consideramos os vínculos entre políticas energéticas e mudança climática, políticas agrícolas e erosão do solo, políticas industriais e poluição química. Também vimos como as políticas monetárias e comerciais podem ter um enorme impacto sobre a degradação ambiental e o esgotamento de recursos naturais. Por conseguinte, os objetivos ambientais de uma negociação dependerão, na grande maioria das vezes, da reforma dessas políticas.

De fato, o processo de barganha pode ser utilmente concebido como um exercício de negociação de reformas políticas. Obriga cada um a perguntar: "Quanto estamos dispostos a ceder no curto prazo para concretizar os nossos objetivos ambientais, e o que queremos em troca?" Os países industriais responderão a essa pergunta com uma consciência da crescente pressão política interna para que "se faça alguma coisa" a respeito do meio ambiente. Os países em desenvolvimento, como assinalamos, estão sob pressão igualmente intensa para reduzir a pobreza e a dívida externa e abrir mercados para produtos que podem produzir sem esvaziar ainda mais suas debilitadas reservas de capital ecológico. As negociações envolvendo Leste e Oeste refletirão diferentes pressões.

Os grupos-alvo poderão incluir não só organismos governamentais mas também os principais consumidores de energia, indústrias pesadas, agricultores e latifundiários. É usualmente necessário considerar como os seus interesses poderiam ser servidos de alguma outra forma; e que mudanças políticas, tecnológicas e de financiamento poderiam induzilos a promover as mudanças necessárias com vistas à realização dos objetivos das negociações. A questão não se resume apenas a persuadir o governo a modificar uma série de orientações e programas de ação mas também como avaliar e maximizar a probabilidade de que as políticas modificadas resultem na desejada mudança de comportamento nos grupos-alvo.

É obviamente importante levar para a mesa das negociações a combinação certa de protagonistas. Na maioria das vezes, trata-se de funcionários do governo nacional mas poderiam participar também representantes de governos regionais, de indústrias particulares ou de serviços públicos e instituições financeiras. Duas condições devem ser satisfeitas para que uma negociação seja bem-sucedida. Em primeiro lugar, cada participante deve representar, direta ou indiretamente, aqueles que têm o poder e os recursos para realizar as mudanças necessárias e estar apto a falar em nome deles. Os protagonistas devem estar igualmente habilitados a fornecer o *know-how* e/ou financiamentos requeridos. Em segundo lugar, as negociações devem procurar estabelecer como as mudanças necessárias podem ser ligadas de modo a promover os interesses de todos os envolvidos. É neste ponto que as *diferenças* entre as partes são de extrema importância, pois é no âmbito dessas diferenças que surgem as oportunidades para barganhar. Somente se for comprovado que as barganhas resultam no melhor interesse das partes é que elas serão implementadas. Existem poucos "voluntários" disponíveis para liderar o caminho num compromisso unilateral de recursos significativos que poderia enfraquecer sua posição competitiva ou reduzir sua riqueza nacional.

Quando um ecossistema crítico foi identificado, os imperativos dos grupos-alvo foram reconhecidos e os protagonistas certos se reúnem em volta da mesa, a negociação pode ganhar forma concreta. Repetimos: o conteúdo de qualquer negociação específica, dependendo das prioridades dos parceiros contratantes, terá estas ou aquelas características diferentes. A maioria das negociações, entretanto, envolverá muito provavelmente dois elementos: a transferência de tecnologias e de *know-how*, e acordos financeiros. Em ambas as áreas é considerável o potencial para negociações inovadoras.

Durante as duas últimas décadas, indústrias de primeiro plano desenvolveram um amplo leque de tecnologias e processos de baixo teor de resíduos ou mesmo de resíduos zero em praticamente todos os setores (transportes, energia, produtos químicos, pasta e papel, agricultura, processamento de alimentos, siderurgia). Alguns são mais produtivos e eficientes, outros fornecem substitutos para substâncias que estão degradando o meio ambiente, a maior parte é economicamente competitiva e apóia formas de desenvolvimento que são mais sustentáveis. As indústrias que são donas dessas tecnologias e têm o maior potencial para desenvolver novas e mais produtivas tecnologias encontram-se nas economias de mercado ocidentais do Norte. As economias de mercado em evolução no Leste e no Sul têm a maior necessidade delas, e também das novas tecnologias que podem expandir seus "limites" para o crescimento.

Entretanto, o *know-how* não está limitado à tecnologia. Muitos pacotes terão que envolver a transferência de qualificações gerenciais e de planejamento, através de treinamento e apoio de especialistas. No planejamento ambiental, isso poderá incluir a assistência na avaliação de programas e projetos, assim como na formulação e implementação de regulamentos cruciais, sobretudo no planejamento físico. Em outras disciplinas, poderá incluir contribuições especializadas em administração agrária, silvicultura e agricultura, desenvolvimento industrial (incluindo administração de resíduos) e planejamento econômico. Qualquer negociação terá também de incluir medidas para desenvolver a capacidade tecnológica nativa.

Os acordos financeiros para qualquer negociação terão que ser decididos pelos países participantes, mas as opções disponíveis serão decisivas para o êxito de uma negociação. Podem e devem envolver um papel destacado para o setor privado. Em qualquer transação realmente grande, os arranjos financeiros teriam que envolver também os bancos multilaterais e os órgãos comerciais e bilaterais dos países desenvolvidos nela participantes. Políticas comerciais, políticas de ajuda e políticas de dívida serão componentes essenciais de muitas dessas negociações, as maiores das quais envolvem, certamente, nações da África e da América Latina. Caso contrário, elas não fariam o menor sentido para os países em desenvolvimento participantes. Dada a escala de algumas das questões a ser tratadas, as fontes internacionais de financiamento teriam que ser muito aumentadas. (Isto é discutido abaixo em certo detalhe.) Além disso, por razões óbvias, os países em desenvolvimento teriam que ter uma voz mais ativa na administração dessas fontes. Tudo isso exigirá que as questões sejam profundamente repensadas, e alguns centros e institutos importantes já iniciaram esse processo.[19]

Desde que o financiamento e outras condições estejam acertados, é significativo o potencial para um grande número de pequenas negociações. Substitutos para os CFCs, por exemplo, poderão ser oferecidos em troca da plena participação no Protocolo de Montreal (emendado), com condições apropriadas para monitoração e fiscalização. A tecnologia para desenvolver as reservas de combustível fóssil de baixo CO_2 (por exemplo, gás natural) poderá ser oferecida contra o acordo para não desenvolver reservas de alto teor de CO_2 de mais fácil acesso (por exemplo, carvão). A geração de eletricidade com combustível não-fóssil — baseada, por exemplo, na mais recente tecnologia para aproveitamento da energia solar — poderá ser oferecida em troca de um acordo para sustar a propagação de usinas movidas a combustível fóssil. Os principais países ocidentais e os países em desenvolvimento poderão concordar em coordenar seus programas de redução das emissões de CO_2 e em apoiar mudanças na política de seus próprios países e de outros que favoreçam a repressão do desmatamento. Pacotes cuidadosamente planejados, incluindo um misto de tecnologias agrícolas e de propostas de financiamento da reforma agrária em áreas adequadas para uma agricultura sustentável, também poderão ser oferecidos como parte de um acordo para moderar o desmatamento tropical. Alguns sugeriram barganhas negociadas numa base de país por país, trocando reduções da dívida pela conservação florestal.[20] Quaisquer negociações desse gênero teriam de incluir, sem dúvida, um acesso substancialmente aumentado a fluxos de capital, mas poderão ser vinculadas a um sistema de incentivos para reformas nos programas de governo e outras iniciativas. Em todos os casos, o financiamento de incentivos especiais seria indispensável para compensar a diferença no custo para o país em desenvolvimento, assim como outros acordos mutuamente benéficos sobre redução da dívida, mudança de política, acesso a mercados etc.

As negociações para ajudar certos países a eliminarem o uso de CFCs com vistas à proteção da camada de ozônio constituem uma das estratégias mais promissoras e oportunas, sob um prisma ambiental. Na segunda reunião dos participantes no Protocolo de Montreal, realizada em Londres em 29 de junho de 1990, os delegados concordaram em emendar o protocolo para eliminar completamente a produção de CFCs em seus países no ano de 2000.[21] Conforme se mencionou, um certo número de países em desenvolvimento, com um enorme potencial para aumentar os níveis de emissão, não concordou em aderir ao protocolo original. Os participantes da reunião de Londres, apoiados pelas principais nações ocidentais, concordaram em estabelecer um mecanismo financeiro que permitisse aos países em desenvolvimento retirar gradualmente do mercado os CFCs e introduzir substitutos. O mecanismo incorpora, mas não está limitado a um financiamento multilateral de 160 milhões de dólares. Essa verba pode ser aumentada para 240 milhões de dólares nos primeiros três anos, se Nova Delhi e Beijing concordarem em aderir ao Protocolo de Montreal emendado — uma ação que as delegações indiana e chinesa em Londres declararam que iriam recomendar aos seus respectivos governos. Em janeiro de 1991, entretanto, nenhum dos dois governos assinara o protocolo.

Com o estabelecimento desse fundo, a porta está aberta para a negociação em termos concretos da eliminação gradual dos CFCs. Substitutos para virtualmente todos os usos dos CFCs já estão ou estarão em breve no mercado, produzidos por diversas multinacionais. Um estudo realizado para o governo holandês por McKinsey & Company sugere que o custo anual de uma retirada total dos CFCs nos países em desenvolvimento (incluindo o investimento adicional requerido e custos operacionais algo mais elevados) seria pequeno no caso de implementação gradual, cerca de 150 a 200 milhões de dólares por ano durante 5 a 10 anos.[22] Estudos ulteriores pela Metroeconomica e pela Agência de Proteção Ambiental dos Estados Unidos sugerem custos ainda mais baixos. A EPA calcula em 150-200 milhões de dólares os custos de capital da conversão durante um período de três anos (1991-93); a Metroeconomica fixa esses custos em 200 milhões de dólares e espera que os custos globais (incluindo os custos operacionais) fiquem em torno de 320 milhões de dólares.[23]

O palco para as negociações sobre CFCs está sendo montado num outro aspecto. Um certo número de governos ocidentais já se juntou aos governos de alguns países em desenvolvimento para estudarem a viabilidade e o custo de eliminação dos CFCs nesses países.[24] Os Estados Unidos estão tomando a dianteira com o Brasil, o México e o Egito. A Finlândia está conduzindo um estudo em conjunto com a China, coordenado através do Programa de Desenvolvimento das Nações Unidas. O Reino Unido colaborará com a Índia. O Canadá está explorando a possibilidade de cooperar com a Malásia. Outros países, incluindo a Alemanha, a Suíça, a Argentina e o Chile, também indicaram sua disposição de cooperar.[25] Isso é muito encorajador. Quando se dispuser das informações básicas, as negociações significativas podem começar.

Ao discutir as negociações, é importante acentuar que embora elas possam ser internacionalmente realizadas, devem ser nacional e localmente implementadas — e é nestes níveis que existem os pontos mais vulneráveis da estrutura institucional vigente para o meio ambiente e o desenvolvimento. Isso é válido para todos os países mas especialmente verdadeiro nos países em desenvolvimento, que precisam urgentemente criar instituições nacionais para um desenvolvimento sustentável e fortalecer sua capacidade científica para avaliação de mudanças no meio ambiente.[26] O futuro desenvolvimento só poderá ser sustentável se os órgãos econômicos centrais, o comércio e as agências setoriais estiverem habilitadas para avaliar o impacto de suas políticas e orçamentos sobre a base de recursos para o desenvolvimento, e agirem de acordo com essas avaliações.[27]

O desenvolvimento dessa capacidade institucional deve ser o tema de negociações prioritárias entre agências e instituições multilaterais e bilaterais de assistência ao desenvolvimento em países em desenvolvimento selecionados. Fundações privadas também podem desempenhar um papel decisivo na oferta de programas que ajudem os administradores e gerentes em órgãos públicos e nas indústrias privadas a desenvolver as qualificações necessárias para tratar de problemas ambientais. Também poderão patrocinar o desenvolvimento de institutos independentes de planejamento em alguns países. Esses órgãos são freqüentemente capazes de atrair e reter por mais tempo pessoas mais preparadas do que os organismos governamentais, dada a história de instabilidade política de muitos países em desenvolvimento. Organizações independentes podem também beneficiar-se da associação com redes de institutos congêneres em outros países e com entidades de prestígio internacional.

Os países ocidentais desfrutam de estruturas regionais comparavelmente bem desenvolvidas; muitas delas, porém, carecem de mandato e de suporte financeiro necessários para realizar mais do que uma troca de informações, ou um papel de assessoria ou investigação quando da negociação e implementação de acordos específicos. A maioria dos nascentes organismos bilaterais e regionais que servem aos países em desenvolvimento é ainda mais fraca e, em muitas áreas, inexistente. Na área dos recursos hídricos, por exemplo, mais de um terço das 200 mais importantes bacias hidrográficas do mundo não estão cobertas por qualquer acordo internacional e menos de 30 têm qualquer espécie de convênio institucional para cooperação. A maior parte destes encontra-se na América do Norte e na Europa Ocidental, de modo que as lacunas são particularmente acentuadas nas regiões em desenvolvimento do mundo, as quais têm em conjunto 144 bacias fluviais.[28] Antes que as agências regionais possam tornar-se parceiros efetivos nas negociações sobre a administração de recursos hídricos, proteção de espécies, detenção da propagação de desertos ou outras síndromes, elas necessitam dos necessários mandatos e de pessoal treinado e experimentado trabalhando na área do meio ambiente e desenvolvimento. Também precisam de recursos financeiros adicionais. Isso também pode ser assunto de negociações entre essas agências e organismos multilaterais e bilaterais de assistência ao desenvolvimento.

As nações industrializadas deveriam ainda colaborar na concessão de verbas a institutos que desenvolvam inovações com vistas à eficiência naqueles setores que estão se expandindo mais rapidamente no mundo em desenvolvimento. Quatro ou cinco desses institutos são necessários em diferentes regiões em desenvolvimento, cada um deles concentrando-se num diferente setor industrial: aço, produtos químicos, pedra e vidro etc. Enfocariam aqueles setores que são maduros ou estão em declínio nos países industrializados e que, por conseguinte, não estão recebendo muita atenção nos programas de pesquisa de eficiência mas, por outro lado, estão registrando uma rápida expansão nos países em desenvolvimento.[29]

O Teste Supremo: Aquecimento Global

O próximo grande desafio será arregimentar nações para que reprimam as emissões de gases geradores do efeito estufa, além dos CFCs. Poderemos traçar alguns contornos das negociações que serão necessárias para induzir mudanças no comportamento dos principais grupos-alvo?

Muitas questões terão de ser respondidas antes que as negociações globais para reduzir as emissões de gases de estufa possam tornar-se efetivas. Que parceiros devem as nações ocidentais procurar para as negociações? Podem quaisquer dois países ser parceiros negociadores? Deve a participação ser limitada aos parceiros "tradicionais" na assistência ao desenvolvimento, embora as oportunidades para uma ação de custo efetivo possam ser menores? E quanto aos países da Europa Oriental? Até que ponto são importantes as negociações "nacionais" e a ação unilateral? Dadas as respostas a essas questões, que medidas são possíveis no âmbito de uma negociação entre dois países? Deve uma negociação ter inicialmente em vista o controle das emissões, ou deve começar com um objetivo mais limitado, como o recrudescimento das pesquisas e a melhoria dos sistemas de monitoração ou, como no caso dos CFCs, estudos efetivos para determinar os reais custos e benefícios para um país da redução das emissões de gases de estufa? Em alguns casos, talvez, quando essa informação básica existe, as negociações poderão concentrar-se em garantir o acesso à tecnologia de ponta ou em obter financiamento (incluindo a negociação da dívida) para projetos de reflorestamento.

As respostas a essas questões dependerão claramente dos imperativos políticos das nações participantes, dos grupos-alvo nelas integrados e das oportunidades potenciais de uma negociação. Pretendem as nações ocidentais financiar essas barganhas na ordem de 50 ou 500 milhões de dólares por ano? Nas negociações em torno de uma convenção climática global — a Grandiosa Barganha Global — que começou em Washington, D.C., em fevereiro de 1991, estarão as nações orientais preparadas para estabelecer um fluxo agregado de verbas totalizando 5 bilhões — ou talvez 50 bilhões de dólares — por ano? Como base para uma comparação, recursos do Programa de Desenvolvimento das Nações Unidas (UNDP) financiam atualmente programas ambientais e projetos afins na casa dos 600 milhões de dólares por ano. E a assistência oficial ao desenvolvimento totalizará em breve uns 50 bilhões de dólares anuais.

Redução do Efeito Estufa: Quanto Custará

A questão de financiamento é de importância decisiva e tem provocado debates cada vez mais acalorados em vários setores. Entretanto, algumas conclusões estão ficando evidentes. Em primeiro lugar, um número crescente de estudos mostra que as nações industrializadas podem efetuar reduções substanciais na emissão de gases causadores do efeito estufa através da eficiência energética e de outras medidas que, na melhor das hipóteses, geram um retorno lucrativo e, na pior, nivelam perdas e ganhos.[30] Se os países industrializados aproveitarem essas oportunidades, parece claro que atingirão um primeiro alvo — a estabilização das emissões de CO_2 no ano 2000 aos níveis de 1990, por exemplo — a um custo total de, no máximo, 1% do PNB. Foi exatamente essa a meta que as nações das Comunidades Européias, a Associação Européia de Livre Comércio, Canadá, Austrália e Japão concordaram em atingir durante a Segunda Conferência Mundial sobre o Clima em Genebra. Os custos totais de 1% do PNB são significativos mas muito poucos argumentariam que essa verba prejudicaria seriamente a nossa economia ou o nosso modo de vida. Além disso, como assinalamos antes, a eficiência e outras medidas compradas por essa verba podem render um benefício financeiro líquido para as indústrias envolvidas e um benefício econômico líquido para a sociedade como um todo.

Entretanto, o debate em numerosos países, incluindo os Estados Unidos, não está centrado nos custos de realização de metas intermédias. Concentra-se nos custos de realização da meta a mais longo prazo de estabilização das concentrações atmosféricas de CO_2, uma meta que envolveria uma redução de 60% a 80% em emissões de CO_2. Isso transfere para o terreno dos custos a mais longo prazo da mudança estrutural os custos a curto prazo de ajustamentos marginais no comportamento operacional. As tentativas para avaliar esses custos apenas começaram. As abordagens diferem mas estudos preliminares sugerem que os custos brutos (por exemplo, ignorando os benefícios) poderão ser muito elevados, com estimativas que alcançam até 5% do PNB. Como algumas das políticas envolvidas visariam a diminuição da demanda através de aumentos de preços, muitos argumentam que estamos falando a respeito de uma transição para uma sociedade muito diferente da que conhecemos hoje. Sem a pretensão de apresentar uma lista completa, vejamos alguns dos estudos de que se dispõe atualmente. Consideremos em primeiro lugar os estudos cada vez mais profundos e refinados dos custos a curto prazo de realização de metas intermédias, passando depois às avaliações mais preliminares e necessariamente especulativas dos custos a mais longo prazo da mudança estrutural na área de energia e domínio afins.

Estudos realizados no Canadá, Holanda e Reino Unido sugerem que muitas medidas para reduzir as emissões CO_2 são economicamente atraentes de uma perspectiva da sociedade, com base apenas na economia de energia. A atribuição de um valor econômico aos benefícios ambientais associados a essas medidas, torna-os simplesmente mais atraentes. Tomando como seu ponto de partida a meta estabelecida em Toronto, a que nos referimos antes, a saber, uma redução de 20% nas emissões de CO_2 até 2005, um estudo encomendado pelo Ministério de Energia do Canadá apurou que isso envolveria uma redução de 291 a 342 milhões de toneladas de carbono por ano, e aproximadamente 75% desse montante poderia ser obtido através de medidas para aumentar a eficiência energética. O restante da meta envolveria a substituição por fontes competitivas de combustível não-fóssil para geração de eletricidade. Um investimento de 74 bilhões de dólares canadenses produziria um benefício líquido de 150 bilhões de dólares canadenses, exclusivamente na base de economia de energia. O investimento até aos limites do potencial técnico reduziria o benefício líquido para 99 bilhões de dólares canadenses.[31]

Do mesmo modo, na preparação de um plano de ação ambiental conjunto, as companhias holandesas de eletricidade e de distribuição de gás, apoiadas por McKinsey & Company, apuraram que as medidas de eficiência energética estabilizariam efetivamente as emissões de CO_2 no ano 2000 aos níveis de 1990 e com um custo de menos de 300 milhões de dólares por ano: um aumento de preço de 3%.[32] Na Figura 4.4, as várias medidas são ordenadas de acordo com o ganho ou custo líquido por dólar por unidade de equivalência de CO_2 ("carbono") conservada, e plotadas numa chamada curva de custo. O eixo horizontal representa o montante absoluto de carbono conservado, ao passo que o eixo vertical do lado esquerdo denota o custo líquido por unidade conservada. Finalmente, o eixo vertical da direita fornece uma indicação dos custos acumulados por ano (em milhões de dólares americanos), desde que se comece com as opções de custo mínimo. Estudos menos detalhados, abrangendo o consumo de energia global, sugere um potencial de conservação ainda maior que permitiria a realização da meta de Toronto.[33]

Usando uma abordagem semelhante de curva de custo, Tim Jackson, da Universidade de Lancaster, no Reino Unido, calculou recentemente que uma combinação de medidas de eficiência energética e de geração de eletricidade com queimadores de gás de alta eficiência poderá reduzir as emissões de CO_2 do setor estacionário britânico (por exemplo, empresas de serviços públicos, imóveis) em 46,5% acima dos níveis correntes. Se as análises fossem ampliadas para incluir as emissões de metano resultantes da queima de combustível fóssil, as emissões de gases de estufa seriam ainda mais reduzidas.[34]

Diversos estudos macroeconômicos confirmam essas conclusões. Uma vez mais, a Europa surge liderando o processo com relatórios recentes oriundos, entre outros países, da Suécia, Noruega, Holanda e Comunidade Européia. Um estudo realizado pela companhia estatal sueca de eletricidade, Vattenfall, e pela Universidade de Lund demonstrou a viabilidade de redução das emissões de dióxido de carbono dos setores de aquecimento e força na Suécia em um terço entre 1987 e 2010, principalmente através de melhorias na eficiência da energia e de uma transição para a geração de eletricidade baseada na biomassa. Ao mesmo tempo, a energia nuclear seria gradualmente abandonada, conforme foi exigido por um referendo sueco, e a expansão das hidrelétricas poderia ser restringida por razões ambientais. Mesmo assim, o custo médio de uma unidade de serviços de eletricidade durante esse período declinaria

FIGURA 4.4. Redução das emissões de CO_2 pelo setor de distribuição de energia da Holanda: curva de custo e custos acumulados.

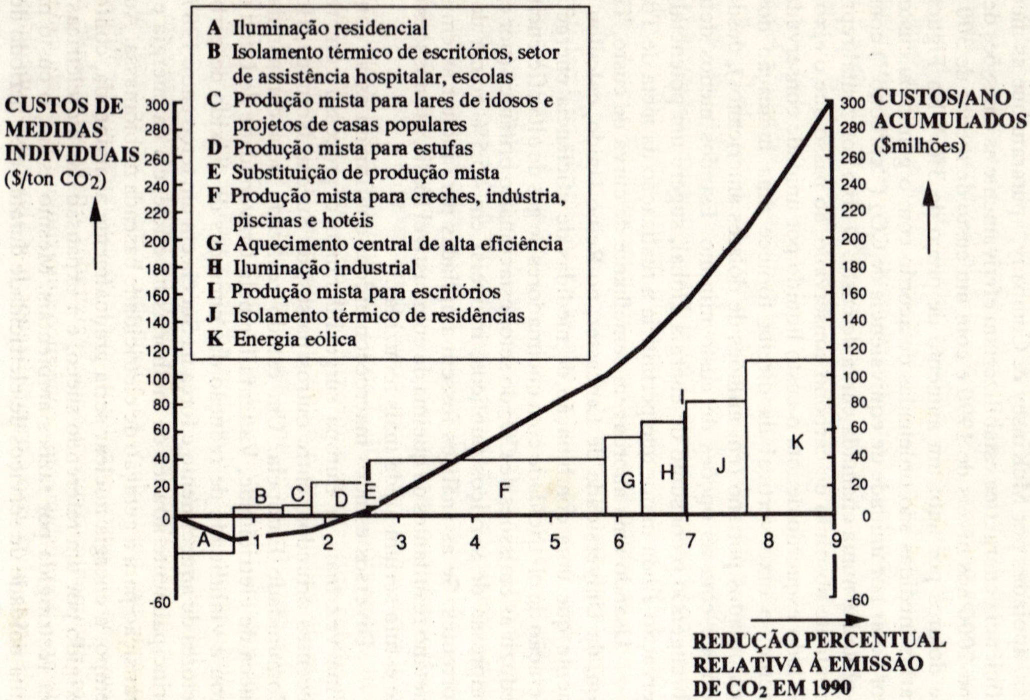

Fonte: Environmental Action Plan, Netherlands' Energy Distribution Sector, April 1990. Compilado por McKinsey & Company.

18%. Assinale-se que o estudo pressupôs mudanças de orientação para incentivar aumentos na eficiência energética a uma taxa de 1,64% ao ano.[35]

Um estudo norueguês, divulgado em 1989, concluiu que as emissões de CO_2 no ano 2000 poderão ser estabilizadas nos níveis de 1987, aumentando os impostos indiretos sobre a gasolina, o aquecimento e os óleos usados nos meios de transporte de cargas e passageiros em 75%.[36] Se os custos mais elevados forem contrabalançados por uma redução em outros tributos (imposto de renda, por exemplo), o impacto macroeconômico seria pequeno. Estudos recentes do Departamento de Planejamento Central da Holanda apontam na mesma direção, e os realizados pela Comissão das Comunidades Européias vão ainda mais longe.[37] Numa série de sinopses, a Comissão mostrou que um aumento de preço "de uma só vez" de 100% para o carvão, 40% para o petróleo e 30% para o gás resultaria numa estabilização das emissões de CO_2 no ano 2000 e numa redução de 19% em 2010 relativamente a 1987. Isso fica um pouco aquém da meta de Toronto de uma redução de 20% em 2005 mas, uma vez mais, o impacto macroeconômico é pequeno. De fato, os modelos prevêem um crescimento anual médio de 2,7% no Produto Interno Bruto (PIB) no período de 1990-2010, o qual é igual ao crescimento do PIB de 1968 a 1988. Esses estudos pesaram muito, sem dúvida, na decisão da Europa de adotar a estabilização de emissões de CO_2 nos níveis de 1990 como o seu ano-alvo de 2000.

São raros os estudos que se estendem até ao final da primeira década do próximo século e que cubram mais de um país. Entretanto, a fim de entender melhor as possibilidades técnicas de resolver a questão do aquecimento global e as dimensões das negociações globais concebíveis, o Ministério da Habitação, Planejamento Físico e Meio Ambiente da Holanda encomendou a McKinsey & Company uma análise do *potencial* para reduzir dois gases causadores do efeito estufa (CO_2 e CFCs) em três regiões: OCDE, Europa Oriental e o resto do mundo.[38] Essas medidas aplicam-se a aproximadamente dois terços de todas as emissões de gás de estufa e cobrem uma gama suficientemente ampla de ações para fornecer uma avaliação correta de oportunidades para a instauração de novas políticas, mas não pretendem ser completas. Muito pouco se sabe a respeito dos gases de estufa CH_4 e N_2O para incluí-los na análise.

A mais importante conclusão do estudo, publicado em 1989, foi que de um ponto de vista puramente técnico parece possível reduzir a emissão de gases geradores do efeito estufa em quase 50% em 2005, relativamente aos níveis então registrados, e dar continuidade, ao mesmo tempo, ao crescimento econômico num ritmo realista em cada uma das três áreas-alvo. Isso é tranqüilizador, mas algumas das medidas necessárias para realizar tal redução são radicais e exigiriam uma ação conjunta. Como se mostra pela curva de custo na Figura 4.5, porém, algumas delas são altamente lucrativas no sentido de que resultam num ganho financeiro líquido para o setor envolvido, ou seja, o valor da energia economizada mais do que compensa o investimento inicial e o diferencial de custos operacionais. O primeiro conjunto de medidas pressupõe a eliminação completa das emissões de CFC (retirada gradual de uso, reciclagem), uma variedade de medidas de eficiência energética em, por exemplo, transporte, aquecimento residencial, processos termoindustriais e significativo reflorestamento líquido. A implementação dessas medidas poderia finalmente resultar numa redução de 30 a 40% nas emissões de gás de estufa com o transcorrer do tempo. Outras medidas impõem um custo líquido ao setor mas podem ainda assim ser economicamente atraentes para a sociedade. A fim de determinar até que ponto são atraentes, o cálculo teria que atribuir um valor aos benefícios decorrentes dessas medidas; por outras palavras, os custos dos danos econômicos evitados — danos resultantes da poluição atmosférica, da chuva ácida e do aquecimento global.

FIGURA 4.5. Curva de custo global: projeção para 2005.

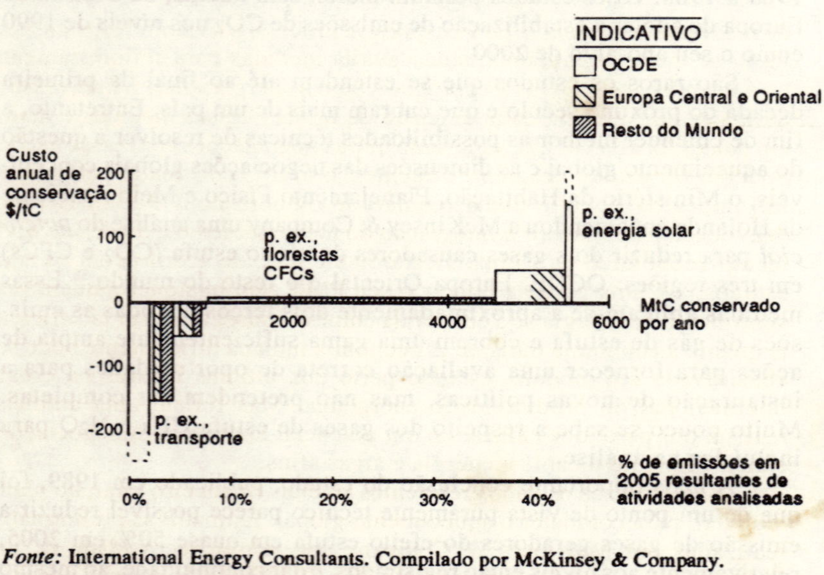

Fonte: International Energy Consultants. Compilado por McKinsey & Company.

A curva de custo apresentada na Figura 4.6 revela potencial significativo em áreas tais como a retirada gradual dos CFCs e a introdução

FIGURA 4.6. Curva de custos da OCDE: projeção para 2005.

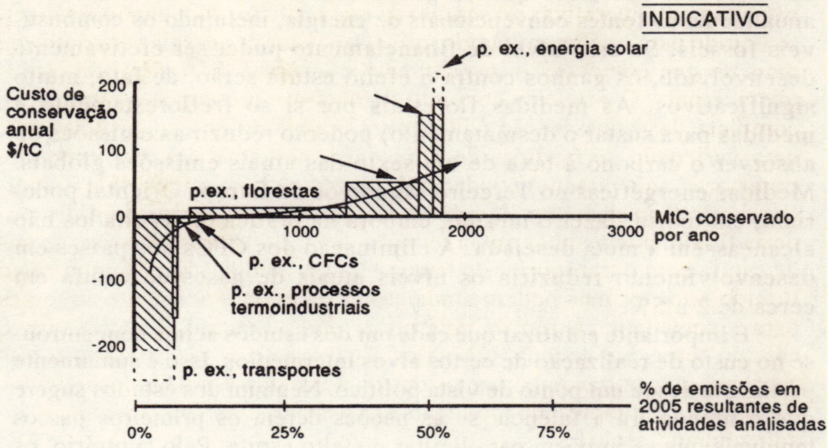

Fonte: International Energy Consultants. Compilado por McKinsey & Company.

de medidas de eficiência no transporte, e processos termoindustriais, mas torna-se muito acentuada quando avalia medidas para reflorestamento ou a introdução de novas tecnologias como a energia solar. É interessante assinalar que a efetividade de custo de muitas dessas medidas é maior em países fora da OCDE, sugerindo que as negociações com essas nações poderão ser economicamente atraentes. Isso foi confirmado pelo ministro chinês da Energia numa reunião de outubro de 1990 em Beijing, convocada para discutir a integração do meio ambiente e do desenvolvimento econômico na China. Declarou ele que, de acordo com os seus estudos, a China poderia dobrar o seu PMB sem qualquer aumento no suprimento de energia se a economia chinesa conseguisse ser tão eficiente quanto a economia indiana! A economia indiana dificilmente pode ser considerada um modelo, estando perto dos últimos lugares na escala internacional de produtividade energética. Mas reflete uma ambição realista por parte dos chineses e um potencial enorme para negociações com a China no tocante à energia e áreas afins.

São escassos os dados referentes ao ônus financeiro total, no plano mundial, para combater o aquecimento global. Estimativas preliminares realizadas por McKinsey & Company sugerem a necessidade de um fluxo internacional de verbas de até 20 a 30 bilhões de dólares por ano, pressupondo o uso das medidas de mais baixo custo disponíveis.[39] Isto é aproximadamente um quinto de 1% do Produto Mundial Bruto (PMB).[40]

Esses montantes não estão fora do alcance.[41] De fato, são menos de 50% do valor dos subsídios que os governos norte-americanos fornecem anualmente às fontes convencionais de energia, incluindo os combustíveis fósseis. Se esse nível de financiamento puder ser efetivamente desenvolvido, os ganhos contra o efeito estufa serão, de fato, muito significativos. As medidas florestais por si só (reflorestamento e medidas para sustar o desmatamento) poderão reduzir as emissões ou absorver o carbono à taxa de um sexto das atuais emissões globais. Medidas energéticas no Terceiro Mundo ou na Europa Oriental poderiam, em teoria, fazer o mesmo, embora na prática os resultados não alcançassem a meta desejada. A eliminação dos CFCs nos países em desenvolvimento reduziria os níveis atuais de gases de estufa em cerca de 2 a 5%.

É importante enfatizar que cada um dos estudos acima concentrou-se no custo de realização de certos alvos intermédios. Isso é sumamente pertinente desde um ponto de vista político. Nenhum dos estudos sugere que o mundo irá à falência se as nações derem os primeiros passos tangíveis que se impõem para limitar o efeito estufa. Pelo contrário, os efeitos econômicos e ambientais das medidas são significativamente positivos.[42] Podemos razoavelmente falar de ações que seriam social, econômica e ambientalmente benéficas para a sociedade e que deveriam ser tomadas mesmo que o aquecimento global não representasse uma séria ameaça. Esses estudos eliminam efetivamente qualquer desculpa para protelar a ação.

Como assinalamos antes, as nações do Nordeste europeu e o Japão estão caminhando a partir dessa base. Em maio de 1990, na Conferência Regional sobre a Ação para um Futuro Comum em Bergen, Noruega, organizada pelo governo norueguês em colaboração com a Comissão Econômica das Nações Unidas para a Europa, ficou evidente que na opinião da maioria dos países industrializados, a estabilização das emissões de CO_2 no ano 2000, o mais tardar, é um objetivo realista.[43] Depois da conferência de Bergen, veio a público a avaliação científica do IPCC.[44] O governo britânico imediatamente mudou de lado, aderindo ao grupo de países partidários da ação imediata e deixando os Estados Unidos numa posição notoriamente (e — dados os seus antecedentes de liderança ambiental — embaraçosamente) isolada, posição essa que o seu desempenho no Grupo dos Sete Grandes da Economia, reunido em Houston, e depois na Conferência sobre o Clima, em Genebra, sugere que será mantida por algum tempo.[45]

Em Genebra, como mencionamos antes, as nações das Comunidades Européias e a Associação Européia de Livre Comércio, assim como o Japão, Canadá, Austrália e Nova Zelândia, concordaram em estabilizar no ano 2000 suas emissões no nível de 1990. A Alemanha foi mais longe:

em junho de 1990, o governo da então Alemanha Ocidental comprometeu-se a obter uma redução de 25% nas emissões de CO_2 nos níveis de 1990 até o ano 2000, ou seja, 5% mais do que a meta de Toronto. Com a unificação e a extremamente baixa eficiência energética da economia da Alemanha Oriental, o novo governo alemão concluiu que poderia fazer ainda mais a um custo global inferior. Pouco antes da Segunda Conferência Mundial do Clima, em Genebra, elevou a sua meta de 2005 para 30%. Espera-se que alguns outros países sigam o exemplo alemão. O governo dinamarquês comprometeu-se a realizar a meta de Toronto. A Holanda, Suécia, Noruega, França e Itália anunciarão, segundo se espera, o cumprimento da meta estabelecida para 2005 no decorrer das negociações sobre uma convenção global.

Os estudos acima sobre os custos de realização de certas metas intermédias não tratam da questão do equilíbrio estrutural, um fato que parece ser de especial interesse para os Estados Unidos. Idealmente, a mais longo prazo, as forças de oferta e demanda do mercado no tocante à energia devem proporcionar a base para um equilíbrio de concentrações de CO_2 na atmosfera, em harmonia com aumentos "não excessivos" na temperatura. Mas isso exigiria intervenções no mercado de uma espécie diferente da que os governos hoje praticam, e a natureza dessas intervenções na "rotina dos negócios" é ainda mais preocupante para alguns governos.

O fato concreto é que qualquer limitação do aquecimento global requer a geração de menos CO_2, o que significa queimar menos carvão, menos petróleo e menos gás. Isso exigirá uma profunda revolução em nosso atual modo de vida. Poderá também significar uma importante revolução no mundo econômico e financeiro, porque as medidas requeridas afetarão inevitavelmente os preços do petróleo, as taxas de energia, a inflação e os principais fluxos de comércio e de receitas entre países produtores e consumidores de petróleo/carvão. Países como a Arábia Saudita e a Austrália, por um lado, e o Japão, por outro — para não mencionar Estados norte-americanos como o Texas e províncias canadenses como Alberta — apresentarão perspectivas profundamente diferentes sobre a questão. À parte a eficiência energética e os renováveis, a eliminação gradual dos combustíveis fósseis poderia envolver uma aceleração no desenvolvimento de recursos hídricos e nucleares em alguns países, abrindo-se assim uma outra caixa de Pandora de acalorados debates.

Por enquanto, os nossos conhecimentos a respeito das implicações estruturais a mais longo prazo dessas medidas estão limitados, em sua maior parte, ao domínio da especulação. Em 1989, Alan Manne, da Universidade de Stanford, e Richard Richels, do *Electric Power Research Institute*, publicaram o primeiro estudo importante sobre o impacto macroeconômico das mudanças estruturais para limitar as emissões de CO_2 nos Estados Unidos.[46] Investigaram os custos da restrição das emissões de carbono aos níveis de 1990 até o ano 2000, reduzindo-as gradualmente para 80% desse nível em 2020 e estabilizando-as daí em diante. Apuraram que os efeitos de uma restrição do carbono só começariam tendo conseqüências macroeconômicas mensuráveis em 2010. Nesse ponto, o aumento requerido nos preços da energia começa a ter um efeito significativo sobre a parcela de produção bruta disponível para consumo corrente. Em 2030, a produção total disponível para consumo corrente é reduzida em 5%, uma percentagem que se mantém relativamente constante até 2100. Tomando todo o período de 1990 a 2100, o valor atual dessas "perdas" seria de 3,6 trilhões de dólares, descontando 5% ao ano a partir de 1990.

Manne e Richels também concluíram que as emissões poderiam ser reduzidas aos níveis desejados graças a diversos instrumentos de natureza administrativa, incluindo a criação de uma taxa de carbono. Uma taxa de carbono de 29 dólares por tonelada de carbono serviria até ao ano 2000, arrecadando aproximadamente 40 bilhões de dólares por ano (cerca de dois terços do montante de subsídios que os governos norte-americanos concedem atualmente às fontes convencionais de energia). Daí em diante, a taxa teria que subir substancialmente a fim de desestimular a demanda de consumo quando os limites de emissão ficarem ainda mais rigorosos. Em meados do século XXI, suficiente capacidade energética não-carbônica adicional deve estar disponível para estabilizar a taxa em cerca de 250 dólares por tonelada de carbono.

Cumpre sublinhar que esses números representam uma sinopse extremamente modesta de Manne e Richels desde a perspectiva de um aumento de oferta e redução da demanda forçada pelo preço. Com efeito, os investigadores pressupõem que a taxa de melhoria da eficiência energética autônoma (não forçada pelo preço) seria de zero durante o período! Através de um certo número de outros roteiros envolvendo, por exemplo, o desenvolvimento de uma capacidade de remoção e eliminação de CO_2, ou a transição para fontes de eletricidade não-carbônica de baixo custo, eles concluíram que os impactos macroeconômicos seriam substancialmente reduzidos. Com melhorias na eficiência energética de 1% ao ano, a demanda de energia nos Estados Unidos em 2050 estaria reduzida à metade, e a produção total disponível para consumo corrente cairia para 1,8 trilhão de dólares. Um outro roteiro reduziu-a a 800 bilhões de dólares de consumo econômico anual.

O debate em torno do impacto macroeconômico da limitação de emissões de CO_2 ainda mal começou. Robert Williams, da Universidade de Princeton, sustenta que a sinopse tecnológica adotada por Manne e

Richels é excessivamente restritiva. Williams afirma que "o potencial para progressos na eficiência energética é muito grande, mesmo com a tecnologia hoje existente, apesar do notável avanço registrado entre 1973 e 1986 na desvinculação de energia e crescimento econômico", e que o custo total para a sociedade poderá ser consideravelmente inferior.[47] Incorporando os benefícios potenciais de uma eliminação gradual de CFCs e de um programa de reflorestamento, William Nordhaus, da Universidade de Yale, fixa o custo da contenção das emissões de gases de estufa nos níveis de 1990 entre 1% e 2% da renda nacional em meados do próximo século. Supondo que os dados norte-americanos são aplicáveis em escala mundial, Nordhaus estima que (no nível de 1989 da atividade econômica mundial) o custo total da redução das emissões de gases de estufa em 40% num eficiente programa global será inferior a 100 bilhões de dólares. Entretanto, qualquer esforço adicional resultaria um acentuado aumento do custo total: uma redução de 60%, por exemplo, exigiria mais de 300 bilhões de dólares.[48] Referindo-se a estimativas semelhantes num estudo em curso pelo Escritório de Orçamento do Congresso dos Estados Unidos, o repórter Peter Passell do *New York Times* observa que os altos custos, por si só, não têm necessariamente por que excluir uma ação, se a alternativa é a catástrofe.[49]

Financiamento das Negociações sobre Aquecimento Global

À luz desses números, dispor de investimentos suficientes para garantir as negociações sobre aquecimento global exigirá novas iniciativas. Em 1990, o Banco Mundial estabeleceu uma Verba Ambiental Global em cooperação com o UNDP e o UNEP. É um começo animador, especialmente se a verba atingir o nível de 1 bilhão de dólares, anualmente, como foi proposto por alguns dos seus patrocinadores. Poderá servir para financiar algumas das necessidades imediatas mais prementes, mas não será suficiente para satisfazer as exigências do vasto leque de negociações potenciais que discutimos antes, nem mesmo das convenções e protocolos que estão sendo agora negociados. Tampouco é essa a intenção.[50]

Como assinalamos antes, o encontro de governos em Londres, em junho de 1990, para emendar o Protocolo de Montreal sobre a camada de ozônio, concordou em estabelecer um fundo para ajudar países em desenvolvimento a financiarem o acréscimo de custos decorrente da substituição de CFCs. O fundo pode permitir saques até 160 milhões de dólares agora e de 260 milhões de dólares quando a China e a Índia aderirem ao protocolo.[51]

Verbas para financiar a monitoração, pesquisa e importantes projetos de fomento em países em desenvolvimento, incluindo a transferência de tecnologias, serão um componente essencial de todas as convenções futuras. Isso é especialmente verdadeiro no caso das convenções sobre mudanças de clima, assim como nas convenções sobre biodiversidade e exploração florestal, cujas negociações foram iniciadas.[52] Com efeito, como pode ser apreciado pelos estudos acima discutidos, os requisitos para financiar projetos e transferências de tecnologia, à sombra dessas convenções, serão substancialmente mais elevados e prolongar-se-ão por períodos muito mais extensos do que os requisitos fixados no Protocolo de Montreal.

Prevendo essas necessidades, um certo número de verbas especiais já foram propostas. Em junho de 1988, por exemplo, a Conferência de Toronto sugeriu a criação de um Fundo para a Atmosfera Mundial, a ser financiado por um imposto sobre o consumo de combustível fóssil dos países industrializados, com o produto encaminhado para os países em desenvolvimento a fim de ajudá-los a limitar e a adaptar-se às conseqüências do aquecimento global.

Outras conferências endossaram a idéia com variações.[53] Em setembro de 1989, o então *Premier* Rajiv Gandhi da Índia propôs um Fundo de Proteção do Planeta a ser administrado pelas Nações Unidas e usado para financiar o desenvolvimento de tecnologias ambientais nas nações participantes. Ao submeter a proposta aos primeiros-ministros da Comunidade Britânica reunidos em Kuala Lumpur, ele sugeriu que o fundo fosse de aproximadamente 15 bilhões de dólares, obtidos através de uma taxa sobre o PNB de todos os membros participantes. Sua iniciativa fracassou, em grande parte por causa da oposição da então primeira-ministra britânica, Margaret Thatcher. Em Houston, em julho de 1990, o Grupo dos Sete debateu uma outra proposta. O Chanceler Helmut Kohl da Alemanha defendeu a criação de um fundo de 2,5 bilhões de dólares para combater o aquecimento global. Os Estados Unidos ficaram sozinhos na oposição a essa iniciativa, que também fracassou.[54] Com seis do G7 agora preparados para apoiar esse fundo, entretanto, a proposta ressurgirá indubitavelmente em várias formas durante as negociações sobre uma convenção climática e nos preparativos para a Conferência de Cúpula sobre o Estado da Terra em junho de 1992, no Brasil.

Vários meios de financiamento dos fundos foram também propostos. A maior parte deles estriba-se em contribuições nacionais baseadas numa percentagem fixa do PNB dos países contribuintes. Alguns, como o Fundo para a Atmosfera Mundial proposto em Toronto, seriam financiados através de uma "taxa de proteção climática" relacionada com o conteúdo de carbono dos combustíveis. Outros, financiando um leque mais amplo de atividades, seriam financiados através de um imposto sobre uma série de poluentes. Uma taxa de 0,5% sobre o valor do comércio internacional também foi sugerida, a qual geraria cerca de 7 bilhões de dólares ao ano. O Egito propôs uma sobretaxa de 1% sobre o transporte internacional de passageiros e cargas, o que produziria aproximadamente 250 milhões de dólares por ano, com um crescimento anual de 10% a 15%. Outras propostas estabeleceriam uma pequena sobretaxa sobre o valor comercial da pesca oceânica, sobre as incinerações tóxicas no mar e sobre os resíduos industriais lançados em rios. Como se mencionou no capítulo 2, porém, um imposto sobre carbono, enxofre, óxidos nitrosos e outros poluentes atmosféricos parece ser, de momento, o que tem atraído maior atenção.

Um estudo de 1989 de opções de financiamento da conservação, conduzido pelo Instituto de Recursos Mundiais (WRI) para o UNDP e outros patrocinadores, avaliou os atuais programas de financiamento e o âmbito para melhorá-los, assim como um certo número de novas iniciativas.[55] Recomendou um "organismo ambiental internacional" para gerar programas bem planejados de conservação, providenciando recursos pré-investimento e ajudando a obter co-financiamentos, inclusive garantias, para pacotes de projetos globais provenientes de uma variedade de fontes existentes. Seria um empreendimento conjunto de agências multilaterais e bilaterais existentes, incluindo os bancos de desenvolvimento, e teria um alvo de 3 bilhões de dólares em projetos (negociações) para os primeiros cinco anos. O estudo do WRI também recomendou um programa-piloto de investimento para uso de recursos sustentáveis, denominado "Ecovest". Essa nova entidade traria o setor privado para negociações potenciais ao proporcionar serviços de intermediação similares aos fornecidos por um banco de investimento mas para o financiamento de iniciativas de conservação ambiental. Caber-lhe-ia "captar capital a longo prazo, repartir riscos, providenciar o acesso à tecnologia e melhorar os incentivos para investimento em atividades tais como a utilização da vida silvestre, administração florestal sustentável, desenvolvimento de outros produtos florestais além da madeira, aquacultura marinha sustentável etc."[56] Um alvo razoável para "Ecovest" poderia ser 25 a 75 milhões de dólares, que o estudo do WRI considerou poderem ser efetivamente investidos num período de três a cinco anos.

Em 1988, vice-presidentes do Royal Bank of Canada e uma firma de investimentos de Montreal propuseram novas formas de financiamento através do setor privado.[57] Fizeram numerosas sugestões para estudo: "fundos mútuos ambientais", os quais incluiriam companhias selecionadas que representem investimentos ambientalmente progressistas e sólidos; "obrigações ambientais isentas de imposto" a fim de levantar dinheiro para investimentos destinados a proteger, recuperar e aumentar o capital ambiental; "ações *flow-through* ambientais" a fim de fornecer incentivos a pessoas físicas para investir em companhias que excedam os padrões ambientais; "fundos para capital de risco ambiental", com incentivos fiscais para estimular o investimento em tecnologias ambientalmente atraentes; e um "fundo ambiental de emergência," financiado através de um imposto único sobre os lucros das companhias para limpar antigas mazelas ambientais.

Uma outra idéia que está sendo discutida envolveria a neutralização dos aumentos na queima de combustível fóssil mediante a ampliação da cobertura florestal, a qual atua como absorvente de carbono enquanto está crescendo. Os principais consumidores de combustível fóssil, como as empresas públicas de força e luz, podem desejar examinar projetos de apoio ao reflorestamento para contrabalançar a carga de carbono que elas despejam na atmosfera. Acrescentar uma "sobretaxa de reflorestamento" ao preço da eletricidade, do aço, do alumínio ou dos automóveis internalizaria uma parte dos custos ambientais do aquecimento global. Nos Estados Unidos, os *Applied Energy Services*, um serviço público que está construindo uma nova usina termelétrica acionada por carvão, contribuiu com 2 milhões de dólares para um projeto de reflorestamento de 14 milhões de dólares na Guatemala que pretende plantar 52 milhões de árvores que absorverão a mesma quantidade de carbono que a nova usina emitirá durante toda a sua vida. Iniciativas análogas estão sendo consideradas no Japão e na Europa.

A necessidade de obter moeda estrangeira para financiar a dívida exacerbou a degradação de recursos naturais em muitos países em desenvolvimento e os responsáveis por suas políticas estão agora procurando abordagens inovadoras que possam vincular a redução da dívida a investimentos para preservar ou aumentar os estoques básicos de capital ecológico da nação. As permutas dívida-por-natureza constituem um novo instrumento de financiamento da conservação apropriado para certos tipos de barganha. Embora cada uma deva ser instituída como uma transação separada para uma atividade específica (por exemplo, um projeto de reflorestamento, a aquisição ou o desenvolvimento de um parque nacional), todas se aproveitam do *spread* entre o valor de mercado das obrigações do governo e seu valor nominal em moeda local a fim de fornecer receitas muito necessárias para atividades locais. Por exemplo, a Agência de Desenvolvimento Internacional sueca, em troca de um desembolso de cerca de 4 milhões de dólares para comprar a dívida costarriquenha, dotou o governo da Costa Rica com mais de 20 milhões de dólares em moeda local usada para criar o Parque Nacional de Guanacaste. Numerosas transações foram negociadas envolvendo a Bolívia, a Costa Rica, o Equador e as Filipinas. O montante total permutado tem sido pequeno (cerca de 100 milhões de dólares) em relação à sufocante dívida dos países em desenvolvimento (aproximadamente 1,3 trilhão de dólares), mas o estudo do WRI acima mencionado encoraja as agências de assistência a aumentar as verbas disponíveis para a compra de dívidas descontadas a fim de apoiar mais e maiores esquemas de dívida-por-natureza.[58]

Algumas medidas não exigiriam que os governos angariassem diretamente receitas. Várias propostas foram feitas, por exemplo, para emitir licenças internacionalmente negociáveis para a ejeção de gases geradores do efeito estufa e para leiloar parte ou toda a primeira emissão dessas licenças.[59] Em 1989, Michael Grubb, do *Royal Institute of International Affairs*, em Londres, sugeriu a criação de um regime internacional no âmbito do qual licenças para lançar carbono na atmosfera seriam concedidas a governos nacionais e poderiam ser livremente transacionadas entre eles.[60] De acordo com esse plano, os governos negociariam um nível global máximo de emissões de carbono refletindo a capacidade da atmosfera e os perigos de aquecimento global. Inicialmente, as licenças seriam concedidas às nações de acordo com uma fórmula *per capita* baseada nas respectivas populações. (Se somente os adultos fossem contados, isso não seria um incentivo para o crescimento populacional.) As nações que excedessem sua cota incorreriam em penalidades fiscais. Se as cotas fossem suficientemente grandes e exeqüíveis, os países industrializados, com emissões de carbono geralmente maiores *per capita*, seriam induzidos a tomar em arrendamento parte das cotas dos países em desenvolvimento e o esquema resultaria, portanto, numa transferência de riqueza dos países mais ricos para os mais pobres. A fim de evitar a acumulação pelos países ricos, as licenças seriam arrendadas e poderiam até ser revalidadas periodicamente de acordo com o sistema de distribuição inicial. Num mercado livre, com um topo para o total de emissões, o custo marginal de um direito de emissão de carbono poderia tornar-se extremamente elevado e fornecer, portanto, um incentivo para medidas de eficiência energética. A "vigência" desse comércio poderia ficar restrita a projetos de desenvolvimento relacionados com a redução de emissões de carbono.

Embora algumas das opções acima sejam atraentes, a solução mais simples para os políticos das nações ocidentais é, sem dúvida, canalizar para um fundo uma percentagem fixa da renda nacional. O governo da Noruega propôs que as nações industriais comprometam 0,1% de seu PNB para a promoção de negociações com os países em desenvolvimento com vistas à redução do efeito estufa, e ofereceu-se para adotar essa medida se fosse secundado pela maioria dos países da OCDE. O orçamento da Holanda para o ano fiscal de 1989 incluiu um dispositivo para uma contribuição anual de 250 milhões de florins para fins análogos.

Essa solução politicamente fácil só pode ser aceitável, porém, se ambas as partes concordarem em que o dinheiro seja gasto para melhorar a sustentabilidade, combinando o desenvolvimento econômico com a proteção ambiental. Numerosos países do Terceiro Mundo expressaram sua preocupação a tal respeito, temendo que os testes de sustentabilidade pudessem converter-se numa nova forma de "condicionalidade". Também estipularam que quaisquer fundos para proteção ambiental devem ser adicionais das verbas destinadas ao desenvolvimento que eles teriam de qualquer outro modo recebido. Essa questão da "adicionalidade" é difícil por falta de um número básico e de qualquer método razoável de contabilização. Os países em desenvolvimento tendem a começar contabilizando as verbas como "adicionais" quando o total excede o limite de assistência oficial ao desenvolvimento (ODA), fixado por uma resolução da ONU em 0,7% do PNB.[61] A maioria dos países ainda se situa muito aquém dos 0,7%. De fato, em média, os países ocidentais atingem apenas cerca de metade dessa meta.[62] A base política para as negociações Norte-Sul tornar-se-ia deveras enfraquecida se as nações ocidentais tentassem recanalizar parte dos atuais fluxos da ODA na direção Oeste-Leste, como foi proposto por muitos países após a queda do Muro de Berlim.

Uma escolha de opções não é fácil. Um imposto de carbono sobre os combustíveis fósseis e/ou uma taxa sobre diversos poluentes são claramente favorecidos de um ponto de vista de política ambiental e muitas nações estão atualmente examinando essas alternativas. Na medida em que tais impostos ou taxas aumentam a eficiência macroeconômica e a competitividade internacional, sua imposição unilateral pode ser justificada. No Canadá, o debate recentemente deflagrado em torno de uma taxa sobre as emissões de carbono e dos impostos ambientais em geral já produziu temores de que esses tributos possam afetar a posição competitiva do país no mercado comum norte-americano em formação. Embora a questão fosse ventilada nos Estados Unidos, parece evidente que uma taxa sobre as emissões de carbono, ou qualquer outro imposto antipoluição, não deve passar no teste acerca das reais intenções da política tributária estadunidense, se bem que esse teste pareça estar agora evoluindo. Apesar das vantagens das taxas sobre o carbono, aplicá-las internacionalmente será difícil por causa do número de atividades afetadas, dos problemas de manipulação das taxas cambiais, e da necessidade de obter uma aceitação política mundial.

Os sistemas de licenças negociáveis evitam muitos dos problemas associados à imposição de taxas ou a coerções arbitrárias sobre uma população eleitora. Também captam as vantagens de decisões descentralizadas, baseadas no mercado, tendendo na direção de soluções pelo menor custo. Entretanto, mesmo no mundo de hoje, deparam-se com um certo número de barreiras ideológicas. Obstruindo algum avanço, muitos governos serão levados na direção do uso de uma percentagem fixa do PNB. A experiência mostra ser essa uma fonte sumamente precária e nada confiável, uma vez que a assistência ao desenvolvimento é a primeira ou segunda vítima de cortes orçamentários durante períodos de restrições. Isso suscita a questão da condicionalidade e adicionalidade. E, estando muito distante do Princípio "Quem Polui Paga" adotado pela OCDE há quase 20 anos, não fornece qualquer pressão no sentido da fixação de preço para que a poluição seja reduzida nos países financiadores. Lamentavelmente, essas mesmas deficiências tornam a medida politicamente atraente e parece provável que muitos países se concentrem na opção de uma percentagem do PNB. Talvez em blocos como as Comunidades Européias e a Associação Européia de Livre Comércio, possa chegar-se a um acordo para estabelecer uma percentagem fixa através de um imposto específico. Em outras regiões, poderá sair das receitas fiscais gerais.

Durante as negociações ora em curso, as nações ocidentais e suas contrapartes meridionais e orientais estarão procurando medidas que aumentem a eficiência macroeconômica e reduzam as emissões de gases geradores do efeito estufa. Por outras palavras, estarão procurando oportunidades para maximizar o rendimento ambiental por dólar gasto ou, inversamente, minimizar o custo total para a sociedade da estabilização das concentrações de gases de estufa na atmosfera. Algumas estimativas sugerem que um "mecanismo de compensação" multilateral poderá aumentar em aproximadamente 30% a eficiência de quaisquer fundos estabelecidos.[63] Para ilustrar isso, consideremos uma negociação entre três países: A, B e C. Se o custo por unidade de carbono que é conservada no país A é 20, enquanto que no país B é 10, A pode pagar a B 15 para tomar medidas, e ambos têm uma vantagem financeira de 5. Entretanto, se a câmara de compensação pode localizar um país C com um custo de 6, o benefício para A e C sobe para 7 e até mesmo B deverá pagar a C para induzir a ação. Antes que um tal mecanismo possa tornar-se operacional, os países terão que concordar em metas de redução e na contribuição financeira esperada de cada um deles.

Negociações Nacionais e Ação Unilateral

Muitos governos são propensos a rejeitar a noção de negociações limitadas, envolvendo apenas alguns países, e de ação nacional unilateral. Apresentam vários argumentos para justificar essa posição: incerteza; o fato de nenhuma nação, por muito grande que seja, poder resolver o problema atuando por si só; e o fato de que a ação unilateral pode encorajar condutas à margem de todo e qualquer compromisso e pôr em risco a posição competitiva internacional de um país. E acima de tudo, buscam o conforto de um acordo internacional em que a indigência política seja, pelo menos, aliviada, senão igualmente repartida.

A incerteza científica, evidentemente, é endêmica. As questões ambientais, como a maioria das outras questões — a economia, as questões comerciais, a política externa, a ação militar — raramente se apresentam revestidas de certezas. Mas isso não é, por si só, um motivo para a inação. Dadas as conseqüências potencialmente catastróficas da destruição da camada de ozônio, do aquecimento global, da perda de espécies e outras síndromes, o custo do seguro contra elas não é tão grande assim. As incertezas em torno da segurança militar são muito maiores e as nações gastam somas colossais para comprar um seguro na forma de forças armadas, material e tecnologias altamente imprevisíveis. O seguro ambiental é especialmente barato quando se considera que as medidas de custo mais eficiente contra o aquecimento global são também os métodos de custo mais eficientes para cuidar da chuva ácida, do desmatamento e de outras questões de interesse mais imediato. Além disso, até um certo ponto, muitas dessas mesmas medidas são, por si mesmas, sólidos investimentos, reduzindo contas de energia e aumentando a eficácia macroeconômica e a competitividade internacional de uma nação. Se acompanhadas por uma redução nos subsídios à indústria do combustível fóssil, as medidas poderão também fornecer uma excelente oportunidade para outras fontes energéticas mais benignas e reduzir um pesado ônus sobre o orçamento nacional. Mesmo que a mudança climática resulte ser menos severa do que hoje se receia, o seguro paga-se a si mesmo. E temos de considerar a possibilidade de que a mudança de clima seja muito pior do que os modelos prevêem. Recorde-se o buraco no ozônio.

O problema da conduta à margem de quaisquer acordos constitui o mais sério obstáculo para negociações limitadas e ação nacional unilateral, mas também pode ser superável. A solução poderá ser encontrada na Declaração Ministerial que resultou da Segunda Conferência Mundial sobre o Clima. Como assinalado antes, acolheu favoravelmente as decisões tomadas pelas nações da Europa, Japão, Canadá, Austrália e Nova Zelândia para estabilizar as emissões de CO_2 e outras emissões de gases de estufa não controladas pelo Protocolo de Montreal por volta do ano 2000 nos níveis registrados em 1990.[64] Por acordo entre eles mesmos, esses países poderão provavelmente eliminar o problema da conduta independente e abrir a porta para negociações em escala menos que global e para as ações nacionais. Como? Concordando simplesmente em que só aderirão a uma convenção global, uma vez negociada, se essa convenção contiver uma cláusula reconhecendo as reduções em emissões de CO_2 obtidas por ações nacionais e regionais entre o ano-base (digamos, 1990) e a data em que a convenção entrar em vigor. Como esse grupo de nações inclui um certo número de países de grande extensão, ele teria peso político bastante para fazer prevalecer o seu acordo.

Embora haja sérias lacunas nos argumentos contra a ação unilateral, as forças políticas que neles se estribam são reais e nenhum governo pode ignorá-las. Deve-se esperar que a resistência da sociedade aumente substancialmente quando os custos da ação se elevarem e as mudanças de política propostas tiverem impactos mas drásticos sobre a vida cotidiana. Os políticos terão que promover "barganhas" entre os eleitorados que querem ação e os grupos de interesses que lhe resistem. Isso não será fácil. Nem todas as medidas social e economicamente vantajosas são adotadas por governos. Nem todos os ganhos para a sociedade beneficiarão todas as coalizões potenciais para bloqueá-los. Importantes programas de economia de energia, por exemplo, afetarão grupos poderosos e politicamente sensíveis nas indústrias de transportes, nas concessionárias de serviços públicos e nas indústrias de processamento. Do mesmo modo, a eliminação dos subsídios que promovem o desmatamento poderá provocar a reação da indústria madeireira e dos sindicatos que se beneficiam dos mesmos.

As barganhas políticas em torno do meio ambiente poderão tornar-se cada vez mais difíceis e, a ajuizar pelo crescente debate nos Estados Unidos, Canadá, Japão, Austrália e partes da Europa, os líderes políticos antevêem isso e manifestam seus temores.[65] A queda do governo holandês em 1988, em virtude de uma série de iniciativas ambientais propostas, incluindo a eliminação de um subsídio aos transportes, não passou despercebida. A história mostra que, para obterem êxito, as medidas políticas importantes em qualquer área devem estar vinculadas a medidas que compensem os perdedores e consigam suficientes coalizões de apoio político. Isso é duplamente verdadeiro no tocante a medidas para encorajar mais sustentáveis formas de desenvolvimento, uma vez que, com freqüência, desafiam códigos profundamente enraizados de comportamento político. Tome-se, por exemplo, o caso dos impostos ambientais. Se bem que essas medidas possam ser introduzidas de um modo que não aumente o peso tributário total, como se discutiu no capítulo 2, os cidadãos podem muito bem ficar desconfiados das intenções de um governo. As barreiras políticas podem ser superáveis se se conseguir deixar bem claro que o peso tributário total não aumentará, que os grupos de mais baixa renda não sofrerão, que as rendas e os empregos não são ameaçados, e que o novo enfoque ambiental da tributação satisfaz uma imperiosa necessidade social.

Alguns países têm sido mais bem-sucedidos do que outros nesse aspecto. Ao comprometerem-se a proceder a importantes reduções nas emissões de CO_2, as nações da Europa Ocidental e o Japão esperam claramente ter êxito na realização de negociações efetivas com interesses nacionais concorrentes. Suécia, Finlândia e outros países europeus estão agindo unilateralmente para impor taxas de carbono que limitem as emissões de combustível fóssil.[66] A Alemanha está considerando a possibilidade de fazer o mesmo sempre que as políticas envolvidas possam ser justificadas por outras razões. O governo alemão também reconheceu que as tecnologias desenvolvidas agora para combater o aquecimento global e a chuva ácida poderão ter um enorme potencial mercadológico quando outros países decidirem agir.

O aquecimento global não é a primeira questão ambiental global a ganhar prioridade na agenda política, nem será a última. Por conseguinte, é importante desenvolver plenamente o conceito de negociações e as medidas financeiras para facilitá-las. A meta a longo prazo é um acordo que promova a sustentabilidade ambiental numa escala global e numa ampla gama de questões — florestas, solos, espécies e ecossistemas, questões atmosféricas, questões oceânicas, materiais perigosos e água potável. Isso exigirá um certo número de convenções e protocolos globalmente abrangentes. Poderão levar ainda muito tempo a concretizar-se e, neste meio tempo, é importante não deixar que o ótimo seja o inimigo do bom. Pelo contrário, deve-se ser oportunista e promover ativamente transações com uma vasta gama de protagonistas, tanto bilateral e regionalmente quanto globalmente. A realização agressiva de transações menores aumentará a confiança. Elas também ofereceriam a oportunidade de contornar potenciais coalizões que poderiam bloquear e obstruir transações mais abrangentes; produziriam informações sobre o que funciona e o que não funciona; e poderiam tirar proveito das mudanças progressivas nos valores políticos ambientais. Uma "Grande Barganha Global" poderia ser a soma de 1.000 pequenas barganhas.

5

Desafios e Perspectivas para um Futuro Sustentável

Em junho de 1992, líderes mundiais estarão reunidos no Rio de Janeiro para a primeira conferência de cúpula sobre o meio ambiente e o desenvolvimento da Terra. Eles enfrentam um enorme desafio. Devem iniciar reformas significativas das políticas e instituições que estão por trás do sistemático esgotamento do nosso capital ecológico básico, a degradação acelerada do meio ambiente e as crescentes ameaças a sistemas essenciais de sustentação da vida. Devem começar um processo de mudança básica no modo como conduzimos as relações econômicas internas e internacionais e no modo como tomamos decisões no governo, na indústria e no lar. Devem começar a remodelar as nossas instituições internacionais para uma era de total interdependência.

Se em junho de 1992 os líderes mundiais puderem dar início à transição necessária para formas mais sustentáveis de desenvolvimento, as duas próximas décadas poderão testemunhar uma gradual melhoria da nossa capacidade para gerenciar a interdependência econômica e ecológica entrelaçadas. Em vez de um futuro de progressivo colapso ecológico, declínio econômico, tensão social e conflito, eles poderão estabelecer as bases para um futuro seguro e sustentável para a maioria das nações e dos povos, com uma sistemática melhoria nas perspectivas humanas. A Assembléia Geral da ONU convidou sabiamente chefes de Estado ou de governo para a conferência do Rio, dada a capacidade ímpar do encontro para tomar as decisões fundamentais requeridas e fixar novas diretrizes para o nosso futuro comum.

O processo de preparação da Eco-92 está em franco progresso. A Comissão Preparatória é servida por um dinâmico secretário-geral, Maurice Strong, e está franqueada a todos os membros das Nações Unidas. Está previsto que os Chefes de Estado serão solicitados a tratar de quatro itens fundamentais. Em primeiro lugar, serão convidados a adotar uma "Carta da Terra", definindo as diretrizes gerais para o desenvolvimento e consubstanciando novos princípios para reger as relações entre governos, povos e o planeta no século XXI.[1] Em segundo lugar, serão chamados a adotar uma agenda para a ação — a "Agenda 21". Tal como será em breve concebida, elaborará um programa de trabalho internacionalmente acordado, incluindo metas de desempenho nacional e internacional para cada uma das questões críticas que analisamos nos capítulos 1 a 4. A agenda incluirá também a estimativa de custos para a realização dessas metas, assim como os métodos e os meios para fornecer os necessários recursos financeiros. Conterá igualmente um compromisso operacional de transferência das tecnologias necessárias para os países em desenvolvimento. De suma importância, designará os organismos nacionais e internacionais que terão a responsabilidade pela implementação da primeira fase, experimentalmente limitada aos sete últimos anos do século atual. Em terceiro lugar, a conferência de cúpula será solicitada a reexaminar as negociações em curso em numerosas convenções, em particular as que tratam da limitação do aquecimento global, da detenção de desmatamento e da preservação da biodiversidade do planeta. Alguns participantes expressaram a esperança de que essas convenções estarão prontas para assinatura. Em quarto lugar, a Eco-92 deve iniciar significativas reformas em nossas instituições internacionais a fim de habilitar as nações a administrarem a interdependência global e a implementarem tanto a Agenda 21 quanto as convenções.

Trata-se, nas melhores das condições, de uma programação de proporções gigantescas — e as condições estão longe de serem as melhores. A opinião pública mundial quer claramente que o encontro de cúpula seja um êxito. Uma pesquisa de opinião realizada pela ONU em 1990 apurou que a consciência e a preocupação públicas a respeito do meio ambiente estavam nos mais altos níveis até então registrados tanto no Norte quanto no Sul. Essa pressão pública estava obviamente subentendida nas decisões de governos europeus ocidentais e de alguns outros governos para avençar num certo número de questões, incluindo a exploração florestal e o aquecimento global, como foi analisado no capítulo 4. Mas teve escasso efeito sobre alguns outros governos-chave. Muito pouca coisa sugere que esses governos, liderados pela Casa Branca, tenham mudado sua resistência histórica a quaisquer metas de desempenho, ou às realidades da transferência tecnológica, ou a quaisquer compromissos significativos no capítulo de financiamento. Ainda não estão convencidos de que as mudanças de orientação política para reduzir as concentrações atmosféricas de dióxido de carbono ou para conservar a diversidade biológica ou para transferir tecnologias ambiental e economicamente competitivas para os países em desenvolvimento lhes proporcionarão qualquer vantagem comercial ou política a curto prazo. E parecem relutantes, senão incapazes, de pensar além do curto prazo.

Embora a pressão pública ainda não tenha forçado alguns governos ocidentais importantes a agir, a crescente consciência das ameaças ao meio ambiente dotou os países em desenvolvimento de uma influência de que não dispunham antes. Como se descreveu no capítulo 3, eles podem negociar sua participação nos novos acordos ambientais internacionais contra a concordância ocidental em solucionar as questões afins que mais lhes interessam e causam preocupações: melhor acesso comercial aos mercados ocidentais, redução da dívida, transferência de tecnologia, ajuda e investimento adicionais, incluindo fundos especiais para cobrir o custo líquido de sua participação. Essa tática provou ser um completo êxito nas negociações para fortalecer o Protocolo de Montreal sobre a camada de ozônio, e as perspectivas são de que volte a ser usada nas negociações sobre as novas convenções nas áreas da exploração florestal, conservação das espécies e aquecimento global. Embora isso possa ser uma correta e necessária tática para os países em desenvolvimento em face da intransigência de alguns governos-chave, o seu uso poderá prolongar as negociações em torno de certas questões.

Um esforço hercúleo seria exigido para assegurar uma conferência de cúpula bem-sucedida sem as coercivas distrações do conflito no Oriente Médio e da instabilidade política e econômica na Europa Central e Oriental, incluindo a União Soviética. Com elas, então, a tarefa parece ingente em extremo. No início de 1989, o mundo estava celebrando o fim da Guerra Fria e na expectativa de um "dividendo de paz", com os gastos militares canalizados para o desenvolvimento internacional, a proteção do meio ambiente e a construção de uma paz duradoura. No começo de 1990, esse dividendo foi absorvido por um importante conflito no Golfo Pérsico e pelo temor de mudanças possivelmente explosivas na União Soviética. A atenção do público foi desviada por esses acontecimentos e outras perturbações igualmente graves poderiam, é claro, surgir a qualquer momento.

É difícil predizer o impacto resultante da evolução dos acontecimentos no Golfo e na União Soviética sobre as preocupações básicas acerca da destruição do meio ambiente. A experiência desde finais da década de 1960 sugere que talvez não sejam sérios nem de longa duração. As décadas de 1970 e 1980 registraram uma constante elevação da tendência subjacente da consciência e preocupação ambientais, apesar da estagflação, recessão e guerras menores. A crescente instabilidade política e econômica ocasionou uma suspensão temporária na reconstrução ecológica da Europa Oriental e da União Soviética mas, a prazo mais longo, isso pode servir apenas para suscitar preocupações a respeito das conseqüências sociais, econômicas e para a saúde do contínuo declínio ecológico. O conflito do Golfo presenciou o emprego da destruição ambiental como arma de guerra, e isso poderá aumentar a crescente convicção de que os riscos ambientais constituem a maior ameaça à nossa segurança comum. Esses e outros acontecimentos poderão reforçar a pressão sobre os líderes mundiais para que a Eco-92 seja coroada de êxito.

É fácil entender por que as Nações Unidas decidiram organizar uma conferência sobre as questões críticas de meio ambiente e desenvolvimento em 1992. Em nenhum outro momento da história a comunidade mundial enfrentou tantas decisões importantes como nos dias atuais. Se essas decisões são tomadas deliberadamente ou à revelia, elas poderão determinar o destino da humanidade. As perspectivas de que essas decisões sejam tomadas de forma deliberada e positiva são obviamente melhores se precedidas por uma conferência para consolidar uma consciência e mobilizar os necessários recursos políticos. Isso talvez seja ainda mais verdadeiro em 1991 do que em 1988, quando a Assembléia Geral tomou a decisão de realizar uma conferência de cúpula sobre o estado da Terra.

Existem grandes oportunidades para uma série de negociações que reduzam as crescentes ameaças ao meio ambiente e ao desenvolvimento econômico, à paz e à segurança, como expusemos nos capítulos 1 a 4. Também existem grandes obstáculos, e a instabilidade na União Soviética e na Europa Oriental, a par do conflito do Golfo, simplesmente avolumam esses obstáculos. "A Terra é uma, mas o mundo não",[2] e é o mundo, tal como está, que deve enfrentar essas questões. Iniciamos este capítulo final com uma discussão das convenções que estão sendo negociadas como preparação para a Eco-92. Consideramos um certo número de opções e, concomitantemente, ventilamos de novo a questão sobre se negociações significativas para solucionar problemas globais devem aguardar a conclusão bem-sucedida de convenções globais, ou se deveria ser adotada uma abordagem mais oportunista, encorajando negociações em todos os níveis e agindo rapidamente com aquelas que possam ser implementadas desde já. Consideraremos depois as principais tarefas envolvidas na negociação e implementação de muitas barganhas de âmbito mais restrito ou de meia dúzia de convenções internacionais mais abrangentes. Também exploraremos a adequação das instituições vigentes e a necessidade de reforma. Concluímos o capítulo com o pensamento voltado para o futuro.

Convenções Internacionais sobre Mudança Global: As Opções

Três importantes convenções internacionais estão sendo atualmente negociadas: uma convenção mundial sobre o clima, uma convenção mundial sobre a exploração florestal e uma convenção para conservar a biodiversidade. Em cada caso, o objetivo consiste em ter "alguma coisa" pronta para assinatura na Conferência de Cúpula em junho de 1992. A ocasião poderá propiciar uma oportunidade para uma foto global sem precedentes, em face da qual dificilmente qualquer presidente ou primeiro-ministro teria argumentos para opor-se-lhe. Entretanto, se não for evidenciado um considerável comedimento, a forma e o conteúdo das convenções apresentadas aos chefes de Estado poderão ser determinados pela pressão para criar a oportunidade da foto, em vez das próprias questões a debater.

O esforço diplomático para iniciar uma convenção sobre a mudança climática recebeu um grande impulso em junho de 1988, graças à Conferência de Toronto sobre a Atmosfera em Mudança. Foram explorados numerosos modelos e, por algum tempo após a conferência, os que queriam negociar uma convenção que assegurasse uma proteção abrangente imediata pareciam estar em maioria. Em fevereiro de 1989, o governo do Canadá convocou uma reunião em Ottawa para examinar tal convenção. Recebeu o nome de "lei da atmosfera" e propunha-se englobar a poluição atmosférica, a chuva ácida, a destruição da camada de ozônio e o aquecimento global.[3] A designação lembrava, é claro, a famosa Lei do Mar, a qual estabeleceu a zona econômica de 200 milhas e desse modo colocou um adicional de 35% da superfície oceânica sob controle nacional para administração de recursos naturais; também forneceu um quadro de referência internacional para a administração dos recursos do fundo do mar além da jurisdição nacional. Embora alguns especialistas opinassem que a Lei do Mar era um modelo apropriado para a atmosfera, a maioria discordou. Achavam que as questões envolvidas na atmosfera eram muito diferentes das marítimas. Além disso, os níveis correntes de uso da atmosfera são muito mais elevados do que os oceânicos, envolvem diretamente cada um de nós e os interesses particulares de indústrias influentes, como as dos setores energéticos, serviços de utilidade pública e transportes, são muito mais poderosos do que os da indústria pesqueira e de exploração do fundo do mar. Por conseguinte, argumentaram os discordantes, as negociações sobre uma lei da atmosfera poderão ser ainda mais complexas e arrastadas do que as associadas à Lei do Mar. Essa era uma perspectiva francamente desanimadora, porquanto a Lei do Mar levou mais de 15 anos em negociações. Embora tenha sido finalmente apresentada para assinatura em dezembro de 1982, ainda não entrou em vigor, embora muitos especialistas asseverem que grandes seções dela têm hoje a força de uma lei reconhecida. O modelo da Lei do Mar foi abandonado depois do encontro de Ottawa, pelo menos por agora.

Hoje, o modelo dominante é a convenção básica ou estrutural. Tem sido usado em numerosas ocasiões — transporte de poluição atmosférica a longa distância, mares regionais, destruição da camada de ozônio — e está sendo agora considerado para as convenções sobre mudança climática, exploração florestal e biodiversidade. Há duas opções gerais para uma convenção básica. A primeira é uma "estrutura vazia", a que chamaremos Mark I. A segunda é uma "estrutura substantiva", a que chamaremos Mark II.[4]

Uma convenção Mark I estaria limitada a um punhado de cláusulas não-contenciosas. Limitar-se-ia, por exemplo, a algumas definições básicas, alguns princípios gerais no tocante às responsabilidades e direitos dos Estados, e algumas declarações de boa intenção referentes a medidas para impedir, reduzir ou controlar mudanças climáticas. Se houvesse um pouco de audácia, poderia também incluir certas obrigações para cooperar em consultas e na monitoração, pesquisa, desenvolvimento e transferência de tecnologia, e a transmissão e intercâmbio de informação. Poderia ainda prover a uma ampla estrutura coordenadora e, provavelmente, um secretariado. Mas não incluiria metas e, por conseguinte, não haveria a necessidade de acordo sobre medidas para obtê-las.

A experiência com a Convenção de Viena sobre a Proteção da Camada de Ozônio, de 1985, é freqüentemente citada para apoiar a abordagem de uma convenção de "estrutura vazia". Ela tomou providências que facilitavam o estabelecimento de protocolos ulteriores, os quais poderiam então envolver alvos específicos; e foi isso o que, de fato, aconteceu no Protocolo de Montreal, apenas dois anos depois — um período de tempo notavelmente curto.[5] Mas a experiência com a Convenção sobre o Transporte a Grande Distância da Poluição Atmosférica, patrocinada pela ECE em 1979, foi muito diferente. Apesar da evidência de enormes danos econômicos resultantes da acidificação, os países industrializados só nestes últimos anos começaram chegando a acordos sobre metas de redução e sobre as medidas e prazos para atingir essas metas. Talvez seja desnecessário acrescentar que a mudança de clima é um problema infinitamente mais complexo do que a camada de ozônio ou a acidificação do meio ambiente.

O mais importante papel de uma convenção de "estrutura vazia" Mark I consiste em, como o próprio nome sugere, fornecer uma ampla estrutura ou quadro de referência onde caibam os protocolos subseqüentes sobre questões mais árduas, protocolos esses que poderão conter então metas específicas e medidas concretas para alcançá-las. Dada a natureza complexa e polêmica dessas questões, alguns consideram que uma "estrutura vazia" é tudo o que se pode ter dentro de um futuro previsível. E, argumentam eles, até um acordo simbólico pode granjear novas adesões, como um projeto internacional de pesquisa ou um secretariado incumbido de trabalhar sobre as questões, adquirindo impulso para um acordo mais substantivo no futuro.

Outros mostram-se mais cépticos. O fato é que covenções de "estrutura vazia" são politicamente mais atraentes. Em primeiro lugar, são mais fáceis de negociar. No fim das contas, pouco mais são do que uma lista de desejos. Assinar uma convenção de "estrutura vazia" é como um escritor que assina um contrato com um editor na base de um índice de matérias e uma declaração de boas intenções, segundo a qual um texto será escrito (talvez por outrem) numa data ulterior. Em segundo lugar, permitem aos líderes nacionais obterem enorme crédito político sem nenhum custo político. Isto é importante em 1992. Numerosos líderes enfrentarão eleições nacionais pouco antes ou logo após a conferência no Brasil e, se o meio ambiente continuar figurando entre os primeiros lugares em todas as pesquisas de opinião de seus países, a folha de serviços por eles prestados em defesa do meio ambiente poderá ter uma influência decisiva. As cerimônias de assinatura de convenções e acordos, tendo o Rio de Janeiro como pano de fundo, proporcionarão maravilhoso cenário para oportunidades fotográficas e permitirão a esses líderes o regresso a seus respectivos países como tendo feito valer as pretensões ambientais de seus eleitores.

O grande perigo com uma convenção Mark I é que induza o público a acreditar que foi alcançado algum progresso significativo. O público desconhece a diferença entre uma convenção "vazia" e uma "substantiva". Poderia ser facilmente levado a crer que algo realmente momentoso foi realizado. A pressão sobre os governos para agirem seria aliviada antes de qualquer acordo significativo ser firmado a respeito de medidas concretas: metas, alvos estabelecidos de modo gradual para alcançar essas metas, dinheiro novo e fortes intervenções políticas para atingir os alvos, e sistemas eficientes de monitoração e execução. Aliviada a pressão pública, qualquer acordo adicional seria improvável. O exemplo mais flagrante disso foi o tratado de interdição parcial de testes nucleares assinado pelos Estados Unidos, União Soviética e Reino Unido em agosto de 1963, o qual diluiu efetivamente o impulso político para uma proibição total.

Uma alternativa, que os autores apoiariam, é tomar o tempo necessário para negociar uma convenção de "estrutura substantiva" — Mark II. Uma convenção Mark II conteria um claro compromisso com o objetivo de estabilizar as concentrações de gases geradores do efeito estufa na atmosfera e uma série de alvos para atingir gradualmente essa meta. Os protocolos, a negociar em paralelo com a convenção, selecionariam os alvos combinados e estabeleceriam os meios destinados a realizá-los, incluindo quaisquer novos acordos financeiros.[6] Uma convenção Mark II também lançaria as bases para um simples mas eficaz mecanismo capaz de garantir liderança, direção política geral e ampla coordenação do trabalho a ser executado. No mínimo, uma convenção Mark II só deve ser assinada desde que e a partir do instante em que um protocolo sobre emissões de energia e sobre exploração florestal possa, pelo menos, ser assinado, a par de medidas para financiamento. Protocolos ulteriores poderão fornecer medidas apropriadas a respeito do território até agora inexplorado das emissões de metano e de óxido nitroso.

Pode uma convenção Mark II para mudança de clima, exploração florestal e biodiversidade ser negociada a tempo para a Conferência de Cúpula sobre o Estado da Terra, em junho de 1992 no Rio? Tudo depende da vontade e das ações dos líderes mundiais, impelidos como são pelos acontecimentos e a opinião pública. De momento, porém, parece muito improvável. Se as negociações ao longo de 1992 não produzirem uma convenção de estrutura substantiva, Mark II, com metas, alvos e alguns protocolos para ação indispensável que possam ser assinados ao mesmo tempo, seria melhor, em nossa opinião, optar por nenhuma convenção do que aceitar uma estrutura vazia Mark I. Um "êxito" político conquistado pelo preço de uma estrutura vazia acabaria reduzindo a pressão para uma ação concreta, talvez por muitos anos. A experiência corretiva de um "fracasso" político, por outro lado, poderá intensificar a pressão e manter o ímpeto das negociações até que um verdadeiro êxito seja alcançado. A pior coisa que a Eco-92.poderia fazer era deixar os governos à margem das responsabilidades e dos contratempos. Ela deve, pelo contrário, aumentar a pressão da sociedade sobre os governos e "fazê-los suar" até que essa pressão tenha sido traduzida para uma decisão política de agir. Não se concretizando uma convenção Mark II, a Eco-92 poderá converter-se numa ocasião para sério debate sobre as questões mais árduas, fornecendo liderança e direção para o processo de negociação em curso.

Aproveitar as Oportunidades Agora

A questão crucial, nesta fase, é se negociações significativas para solucionar questões globais precisam aguardar a conclusão bem-sucedida de negociações numa série de convenções globais, ou se não seria mais sensato adotar um enfoque mais oportunista, encorajando ações em todos os níveis e apresentando aquelas que podem ser empreendidas agora: ações unilaterais; ações bilaterais; ações regionais — ações apoiadas por pequenos grupos de nações com idéias afins ou por regiões inteiras. Embora pareça um tanto desordenado e teoricamente menos eficiente, esse enfoque pluralista do gênero "deixem brotar mil flores" oferece o importante benefício de ter uma chance realista de alguns êxitos imediatos. Habilitar-nos-ia a avançar passo a passo, com instituições menores, de um modo mais seguro, eficiente e efetivo, e a obter resultados mais depressa. Também nos proporcionaria uma inestimável experiência de aprendizagem. Ensinar-nos-ia os prós e os contras de, por exemplo, projetos de reflorestamento em grande escala, e seria uma fonte de experiência e credibilidade para outros países. Desenvolveria mercados, novos conhecimentos e novas tecnologias. Também daria exemplos e exerceria pressão sobre potenciais "condutas independentes", promovendo assim o processo de desenvolvimento de uma política internacional. Sobretudo, ajudaria as nações a adquirir compreensão acerca da formulação de negociações globais que respondam às necessidades de todos os lados e vinculem as questões ambientais às do desenvolvimento, comércio, política econômica e segurança.

A meta suprema é promover a sustentabilidade ambiental e econômica numa escala global e numa vasta gama de questões: florestas, solos, espécies, produtos químicos, a atmosfera, os oceanos e a água potável. Isso exigirá, em última instância, um razoável número de convenções e protocolos globalmente abrangentes. Mas podem levar muito tempo a concretizar-se e, nesse ínterim, é importante não deixar que o ótimo seja inimigo do bom. Neste mundo dividido, com sua oblíqua estrutura de poder, é freqüentemente mais sábio ser oportunista e promover ativamente transações que possam ser concluídas agora com uma vasta gama de atores, tanto bilateral e regionalmente quanto globalmente.

O desenvolvimento e a reforma institucionais constituem um gradual processo evolutivo. Em vez de optar por uma série de Grandiosas Barganhas Globais, devemos ter em vista um objetivo mais modesto — negociando a partir das instituições existentes e modificando seus estatutos e seus modos de funcionamento à medida que vamos aprendendo através de nossa própria experiência. A chave para a ação e para o êxito consiste em contar com uma sólida base e a partir dela explorar uma série de negociações menores. O método ajuda a estabelecer gradualmente a confiança. Também oferece a oportunidade de contornar potenciais coalizões dispostas a obstruir negociações mais abrangentes; geraria informações sobre o que funciona e não funciona; e tiraria proveito das mudanças progressivas nos valores ambientais e na pressão política interna. Uma Grandiosa Barganha Global poderá ser a soma de 1.000 pequenas barganhas.

Instituições para Pequenas Barganhas

Tarefas novas ou ampliadas necessitarão ser executadas para cada barganha negociada. Poderão ir desde o fornecimento dos necessários locais de reunião para as discussões e negociações até à obtenção, administração e distribuição de fundos alocados para cada barganha concluída. Dependendo da natureza da barganha, essas tarefas podem incluir procedimentos para distribuir informações, coordenar pesquisas e processos de desenvolvimento, facilitar negociações sobre a transferência de tecnologias específicas necessárias para implementar a barganha, e monitorar a implementação, a execução e o cumprimento do que foi acordado. Também poderão incluir a coordenação dos esforços por outras agências internacionais que participam na barganha, incluindo as responsáveis pela ajuda, o comércio e a segurança. A Figura 5.1 fornece uma lista indicativa de algumas tarefas primordiais que precisam ser realizadas, vinculando-as ao ciclo de vida de uma política que examinamos anteriormente (ver as Figuras 3.2 e 3.3). Quando avançamos da fase de reconhecimento de um problema para as fases de formulação política, implemen-

FIGURA 5.1. Algumas tarefas essenciais.

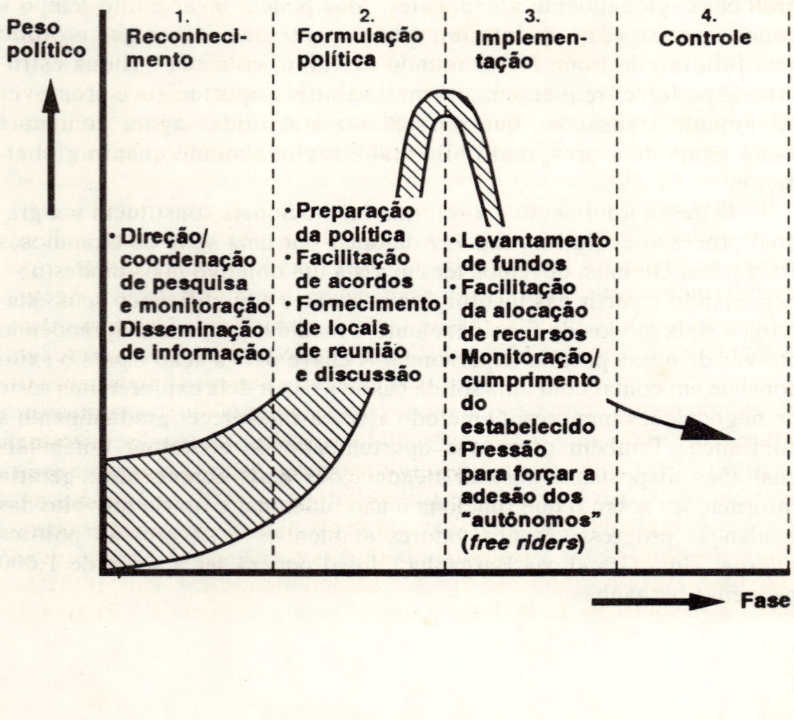

tação e controle, as tarefas (e o necessário suporte institucional) passam da pesquisa e monitoração para o levantamento e alocação de verbas e para a pressão sobre os adeptos da conduta independente para que se juntem ao clube e paguem suas jóias. A obtenção de *know-how*, na forma de pessoas, documentação e tecnologia, será também uma tarefa vital em muitas barganhas, e isso exigirá financiamentos substancialmente aumentados para a pesquisa científica, sobretudo no Terceiro Mundo.

Num mundo ideal, os parceiros potenciais numa barganha concordariam sobre o que precisava ser feito antes de apontar a instituição ou instituições que devem fazê-lo. Na vida real, essas matérias são usualmente consideradas em conjunto. De fato, a oportunidade para expandir o terreno institucional (e melhorar a posição competitiva) pode ser uma poderosa força motivadora por trás de uma barganha potencial. Os governos, por via de regra, confiarão e devem confiar em organizações existentes, incluindo redes ou mecanismos de "compensação". Novas agências, incluindo novos mecanismos supercoordenadores, podem ser necessárias em alguma fase mas seu estabelecimento só deve ser cogitado depois de esgotadas outras opções.

Felizmente, são poucas as pequenas barganhas que têm de esperar pelo desenvolvimento de novas instituições. Existe uma rica variedade de centros, dentro e fora do governo, que podem iniciar, concluir e "garantir" barganhas. Além das agências governamentais e intergovernamentais, esses centros incluem fundações e institutos privados de ciência, engenharia e administração pública. Pequenas negociações envolvendo apenas alguns países podem ser entabuladas através de instituições nacionais e bilaterais existentes, freqüentemente, talvez, por organismos de ajuda externa e ministérios do meio ambiente apoiados por instituições científicas, industriais, comerciais, de exportação e crédito, e outras. Também existe uma gama de organizações que podem facilitar negociações mais amplas em nível regional. O Ocidente está particularmente bem servido por organizações como a OCDE e a Agência Internacional de Energia, assim como a Europa pela Comissão das Comunidades Européias (CCE). A Comissão Econômica para a Europa, órgão das Nações Unidas (CEE), desempenhou um papel significativo no relacionamento entre Leste e Oeste para estudarem diversas questões comuns, incluindo a proteção ambiental e a administração de recursos; é o caso, por exemplo, do Instituto Internacional para Análise de Sistemas Aplicada (IIASA). O Sul está muito longe de ser bem servido por organismos regionais efetivos, mas um certo número deles está começando a evoluir, como a Conferência de Coordenação do Desenvolvimento da África Meridional (SADCC), a Comunidade do Caribe (CARICOM), a Associação do Sudeste Asiático para a Cooperação Regional

(SAARC) e a Associação das Nações do Sudeste Asiático (ASEAN). Os bancos de desenvolvimento regional também devem ser aqui mencionados. Alguns deles, mais recentemente o Inter-American Development Bank (IADB), mas também os Bancos de Desenvolvimento asiáticos e africanos, começaram adotando posturas favoráveis à ação em questões de mudança global.

No nível global, as negociações podem ser facilitadas por uma família cada vez mais desenvolvida de organizações das Nações Unidas. Destacam-se entre elas o Programa do Meio Ambiente das Nações Unidas (UNEP), a Organização Meteorológica Mundial (OMM), a Organização Mundial de Saúde (OMS), a Organização para a Alimentação e Agricultura (FAO) e a Organização das Nações Unidas para a Educação, Ciência e Cultura (UNESCO). Organizações como a Conferência das Nações Unidas para o Comércio e o Desenvolvimento e o Acordo Geral sobre Tarifas e Comércio terão papéis cada vez mais importantes a desempenhar. Mencionar apenas os seus nomes é sugerir um certo número de áreas prioritárias nas quais são urgentemente necessárias negociações. Um papel cada vez mais importante nas áreas de inversões, financiamentos para investimento e reformas políticas deve ser desempenhado pelo Programa de Desenvolvimento das Nações Unidas, o Banco Mundial e o Fundo Monetário Internacional (FMI).

Fora do sistema "oficial", encontramos um grande número de organizações, algumas com uma invejável folha corrida em questões ambientais. Incluem muitas academias e organismos nacionais, regionais e internacionais de natureza científica, como o *International Council of Scientific Unions*, e organizações nacionais e internacionais não-governamentais, como a União Internacional para a Conservação da Natureza (UICN). E temos ainda as instituições filantrópicas — exemplificadas pelas grandes fundações privadas — e as universidades, as quais estão entre os instrumentos mais vitais de democracia, pluralismo e mudança do mundo. Esses grupos e centenas de outros desempenham um papel indispensável na preparação e implementação de medidas para tratar das questões de mudança global. Suas capacidades, concentradas em negociações específicas, serão ainda mais importantes no futuro.

Fortalecimento da Capacidade Institucional

É claro que não começamos de mãos vazias. Existe internacionalmente uma extensa estrutura institucional para apoiar a negociação e implementação de barganhas globais. Mas, como repetidos estudos confirmaram, falta a essa estrutura robustez política, profundidade, coesão e capacidade financeira. Muitos desses estudos focalizaram o sistema da ONU e os meios e formas de fortalecê-lo.[7] Mais recentemente, o Comitê Preparatório da ONU chamou a si e analisou todos esses estudos e espera-se que numerosas recomendações para reforma sejam submetidas à apreciação da Conferência de Cúpula no Rio de Janeiro, em junho de 1992. Não tentaremos prever suas recomendações mas limitar-nos-emos a alguns comentários acerca de certos órgãos primordiais com responsabilidades pelo meio ambiente, verbas para o desenvolvimento e direção política geral.

O detalhe surpreendente a respeito de muitos órgãos da ONU interessados nas questões ambientais — por exemplo, UNEP e OMM — é terem conseguido realizar tanto com tão pouco.[8] O UNEP liderou o trabalho sobre a Camada de Ozônio na Convenção de Viena e no Protocolo de Montreal, e foi um participante fundamental na busca de soluções para problemas ambientais críticos, como a desertificação e a poluição marítima. UNEP e OMM desempenharam papéis de destaque no apoio ao trabalho que culminou na Segunda Conferência Mundial sobre o Clima, em novembro de 1990. A OMM opera um Sistema de Observação do Ozônio Global e dirigiu as principais avaliações técnicas de esgotamento da camada de ozônio, em colaboração com a NASA e o UNEP. Entretanto, essas atividades relevantes mascaram uma fraqueza essencial das organizações. O fato de que carecem de força política (sendo seus "clientes" organismos ambientais e meteorológicos que, na maioria dos governos, estão no fundo da hierarquia política) e de que seus orçamentos são irrisórios em relação aos seus mandatos e às gigantescas tarefas que são solicitadas a executar (menos de 50 milhões de dólares anuais para o UNEP e cerca de 23 milhões de dólares para a OMM) não fica de graça. Como assinalamos, o Plano de Ação para Combate à Desertificação (PACD), endossado com grande espalhafato em duas conferências internacionais, está paralisado por falta das verbas prometidas.[9] Assim se encontram, de fato, muitos outros planos e acordos, incluindo os muito apregoados acordos marítimos regionais sobre o Mediterrâneo (isto é, o "Plano Azul" assinado por todas as nações costeiras), o Caribe e oito outros mares, envolvendo um total de 120 países. Cada um desses acordos marítimos regionais incluiu um índice de assuntos para protocolos subseqüentes que deveriam elaborar programas de ação concreta e fornecer os fundos necessários para a sua implementação. Os líderes do dia juntaram um imenso capital político em cerimônias de assinatura, durante as quais seus sucessores nos cargos também se consideravam comprometidos com a efetivação dos programas. Até hoje, lamentavelmente, seus sucessores recusaram-se a estar tão comprometidos, ao ponto de terem que tomar difíceis decisões sobre prioridades, programas e verbas.

O UNEP desempenha um papel central entre as Nações Unidas e outros órgãos internacionais que se ocupam do meio ambiente. Numerosos estudos conclamaram os governos a fortalecer sua capacidade política e financeira, a dotá-lo com um mandato mais forte na área da proteção ambiental e a ampliar e intensificar o seu *status* dentro do sistema da ONU.[10] Outros preferiam que o UNEP se convertesse numa agência especializada com verbas muito maiores à sua disposição; ainda outros que fosse fortalecido como parte da estrutura central da ONU, com um papel político e de coordenação mais forte e com o financiamento para o desenvolvimento centralizado no UNDP. Até agora, todas as recomendações caíram em terreno estéril mas há alguma esperança de que os governos atuem de acordo com, pelo menos, algumas delas na Eco-92 no Rio.

Numerosos estudos invitaram os governos a fortalecer a orientação, sensibilidade e capacidade ambientais do Banco Mundial, do FMI e dos bancos de desenvolvimento regionais. O Banco Mundial, a maior fonte de empréstimos para o desenvolvimento, é especialmente importante porque exerce uma significativa liderança no tocante à política adotada por outros bancos comerciais. Foi e continua sendo atacado por falta de sensibilidade ambiental em suas práticas de empréstimo. A partir de 1987, entretanto, o Banco Mundial realizou algumas importantes mudanças em sua estrutura, pessoal e processos, a fim de conceder às preocupações ambientais um lugar de maior destaque em suas decisões sobre empréstimos para investimentos. Em 1990, estabeleceu uma Verba Ambiental Global baseada em contribuições voluntárias de 1 bilhão de dólares para financiar projetos em diversas áreas. Essas mudanças são encorajadoras mas a experiência até à data sugere fortemente que só serão plenamente eficazes se forem acompanhadas de um compromisso fundamental com o desenvolvimento sustentável e correspondentes mudanças na cultura institucional do Banco. Com esse compromisso, o Banco Mundial talvez pudesse assumir o papel de uma câmara internacional de compensação. O FMI também exerce uma grande influência nas práticas políticas e econômicas dos países em desenvolvimento, sobretudo através das condições que agrega aos seus pacotes de reformas. Ao invés dos bancos de desenvolvimento, o FMI ainda não mostrou sinais de se dispor a fazer as mudanças necessárias para refletir preocupações ambientais em suas decisões.

Reforma das Nossas Grandes Instituições Internacionais

As mudanças maciças que ocorreram nas relações entre as nações-Estados do mundo e a Terra e sua biosfera não foram acompanhadas por mudanças correspondentes em nossas instituições internacionais. A Conferência das Nações Unidas sobre Meio Ambiente e Desenvolvimento, a "Eco-92" no Rio de Janeiro, deve constituir a força impulsora para uma importante reforma das nossas instituições-chave, desde o Conselho de Segurança das Nações Unidas até aos órgãos especializados da ONU, desde o FMI, os bancos multilaterais e o GATT até aos ministérios das relações exteriores, das finanças e do planejamento econômico de cada país. A Comissão Mundial sobre Meio Ambiente e Desenvolvimento apresentou um grande número de recomendações para essa reforma, e novas propostas têm sido adicionadas à lista desde então. Algumas, como já mencionamos, adotam uma abordagem diferencial, apoiando-se em instituições existentes. Outras recomendações prevêem mudanças mais fundamentais, envolvendo a criação de *pools* de soberanias nacionais.

A Declaração de Haia de março de 1989, por exemplo, solicita a criação de uma nova autoridade internacional com responsabilidade para impedir a continuação do aquecimento global.[11] Reconhece que isso pode ser feito quer com o estabelecimento de uma nova instituição ou com a ampliação adequada de uma instituição existente. Mas — e isso constitui o elemento mais significativo na declaração — aceita que a instituição deve estar apta a tomar certas decisões por outros meios que não o consenso. E prevê medidas para impor a obediência, sendo os recursos contra tais medidas levados a julgamento pelo Tribunal Internacional de Justiça. Mais de 30 países assinaram a Declaração de Haia. Embora não seja vinculatória, ajudará a Eco-92 a emancipar-se das disposições mentais tradicionais no julgamento de outras propostas para mudanças funcionais, algo que se faz claramente necessário. Tem havido escassas indicações de que países importantes estejam preparados para abdicar de qualquer parcela — muito menos uma parcela substancial — de sua soberania em favor de um organismo internacional. Entretanto, essas mesmas nações aceitaram uma constante invasão de sua soberania pelas forças da interdependência econômica. Essa erosão será acelerada como resultado da interdependência ecológica e seu rápido entrelaçamento com a interdependência econômica. A mais longo prazo, portanto, poderá tornar-se menos intenso o conflito entre a soberania nacional e a autoridade requerida por instituições internacionais para solucionar questões cruciais.

Os regimes jurídicos internacionais também têm sido rapidamente suplantados pelo ritmo acelerado e a escala de mudanças. São urgentemente necessárias novas normas de conduta estatal e nas relações entre Estados. Como mínimo, a comunidade mundial requer algumas normas básicas para notificação, consulta e concordância prévia com os Estados vizinhos sobre atividades suscetíveis de os afetar. Os Estados também devem aceitar a obrigação de alertar seus vizinhos na eventualidade de um acidente (por exemplo, Basiléia, Chernobyl, o petroleiro *Valdez* da Exxon), incluindo a obrigação de fornecer compensação por qualquer dano causado. Normas e obrigações similares devem ser gradualmente desenvolvidas para proteger o patrimônio global comum e as futuras gerações. A proposta Carta da Terra fornecerá à conferência de cúpula no Rio uma oportunidade para encaminhar o sistema internacional nessa direção.

Propostas para reforma do sistema da ONU vão muito além do UNEP, dos órgãos especializados e dos bancos de desenvolvimento multilateral.[12] Algumas das mais importantes opções que estão sendo consideradas referem-se à capacidade do sistema para fornecer uma liderança mundial, orientação política geral e coordenação essencial em questões globais de meio ambiente, desenvolvimento, paz e segurança. Foi proposto, por exemplo, que o Conselho de Segurança deveria dedicar periodicamente uma sessão especial às ameaças ambientais à paz e à segurança. A União Soviética deu a entender que poderia apoiar a criação de um novo Conselho do Meio Ambiente, igual em autoridade ao Conselho de Segurança, mas talvez sem o direito a veto. O Conselho de Curadoria está chegando ao fim do seu mandato e o secretário-geral da Eco-92, Maurice Strong, sugeriu que esse órgão fosse transformado num fórum em que as nações do mundo exerceriam sua "curadoria" para a integridade do planeta como um todo, incluindo o patrimônio global comum. A idéia de um novo Conselho da Terra, uma outra dessas formulações inovadoras, reflete a qualidade de imaginação e o nível de ambição que necessita ser aplicado no desenvolvimento de novas formas de governo para guiar o planeta através das próximas e turbulentas décadas.

Questões de soberania não estão, felizmente, envolvidas em todas as propostas para mudança útil. Foi sugerido, por exemplo, que o UNEP deveria ser dotado com os recursos necessários para atuar em nome do secretário-geral das Nações Unidas como um "secretariado" ambiental para o Conselho de Segurança ou um revitalizado Conselho de Curadoria. Encarregar-se-ia da monitoração e do fornecimento de análise e relatórios de avaliação requeridos para as sessões especiais do Conselho que se ocuparem das ameaças ambientais à segurança global. Outras propostas fortaleceriam o mandato do UNEP e seus recursos na área de proteção ambiental, mas também estabeleceriam uma nova Comissão Permanente da ONU sobre o Meio Ambiente, ou uma Comissão Independente Especial sobre Meio Ambiente e Desenvolvimento Sustentável a serviço dos Conselhos de Segurança ou de Curadoria através do Secretário-Geral.

Ainda outras propostas reforçariam essas iniciativas com um fórum permanente sobre meio ambiente e desenvolvimento, uma assembléia política representativa de todas as nações para fornecer liderança, orientação e apoio ao sistema da ONU como um todo em seu trabalho nessas áreas. Esse fórum poderia ser criado no âmbito de uma convenção Mark II, a fim de proporcionar liderança, direção política geral e ampla coordenação de trabalhos ao abrigo da convenção. Denominado, talvez, um Fórum Mundial para o Meio Ambiente e o Desenvolvimento (WEDF — Figura 5.2), reuniria ministros representantes dos signatários da convenção pelo menos uma vez por ano a fim de avaliar os progressos realizados e decidir sobre as ações necessárias. Uma vez que qualquer negociação global sobre mudança climática teria que, para ser bem-sucedida, atender a uma série de questões econômicas, comerciais, de transferência de tecnologia e de eqüidade, as nações podem desejar enviar não só os seus ministros do Meio Ambiente e Recursos Naturais, mas também os ministros das pastas econômicas, do planejamento ou até das relações exteriores.

A experiência com a OCDE, as Comunidades Européias e a CEE demonstrou que reuniões regulares de ministros podem ser uma força poderosa na formação de um consenso e na tomada de decisões finais. O WEDF seria a mais alta plataforma para o desenvolvimento e a coordenação de políticas sobre questões de mudança climática. À medida que o consenso aumentar, o Fórum poderá converter-se num "Conselho da Terra", conforme previsto na Conferência de Haia, com muito maior autoridade para tomar decisões e impor obediência a regulamentações. Ou poderá tornar-se uma comissão permanente sobre meio ambiente e desenvolvimento sustentável dentro da estrutura da ONU, como se expôs acima.

O WEDF precisaria contar com o apoio de um pequeno escritório permanente. Um grupo de altos funcionários seria essencial para preparar as recomendações políticas a submeter à consideração do Fórum e estabelecer canais para a implementação de suas decisões. O UNEP e a OMM poderiam desempenhar esses papéis. O Painel Intergovernamental sobre Mudança de Clima, o qual envolve altos funcionários dos governos participantes, poderá empreender avaliações científicas e a análise de opções políticas numa base contínua. Além disso, o WEDF poderá desempenhar uma importante função no reforço da informação, comunicações, desenvolvimento de políticas e "infra-estrutura" de monitoração e fiscalização de que as medidas sobre aquecimento global estão sendo respeitadas. Isso exige: (1) uma base fatual melhorada; (2) um programa para aumentar a consciência pública acerca da mudança de clima e para educar profissionais em respostas possíveis; (3) um programa para promover o desenvolvimento de instrumentos políticos, incluin-

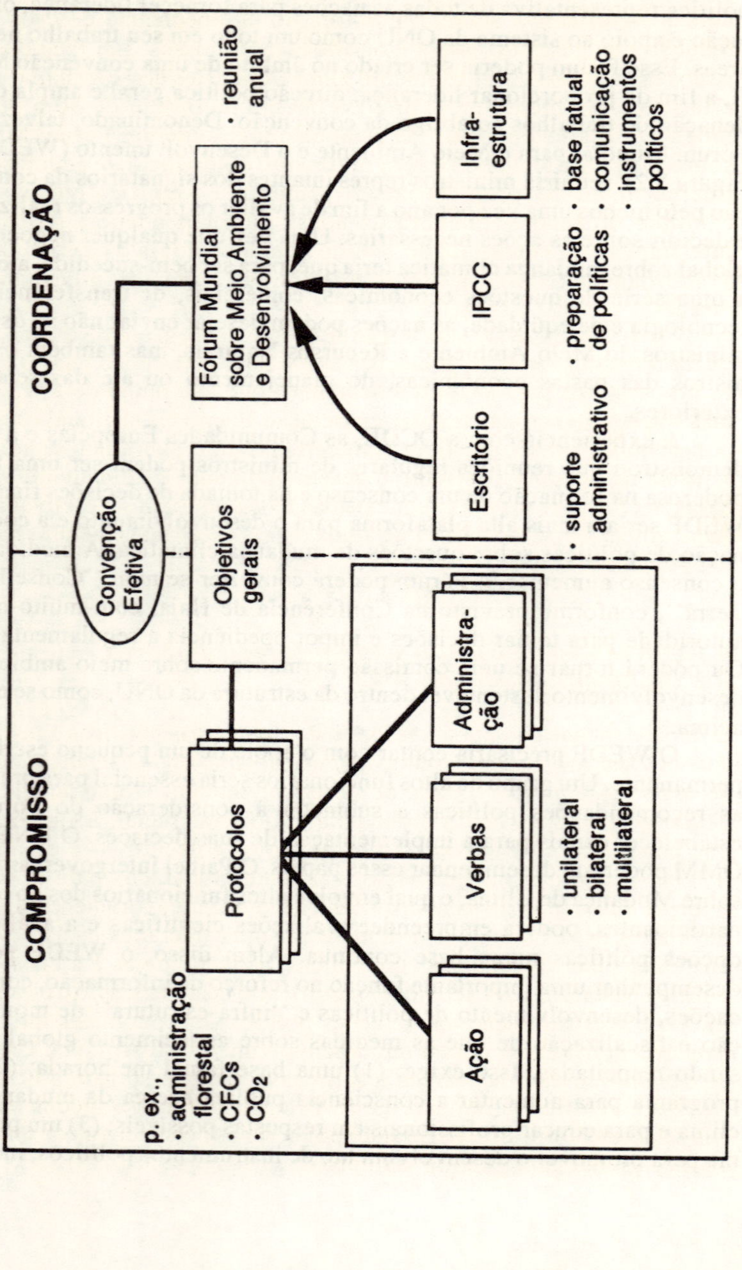

FIGURA 5.2 Estrutura para um mecanismo de coordenação internacional.

do aqueles que são necessários para avaliação dos custos e benefícios da inação e os impactos sócio-econômicos de estratégias de resposta; e (4) ênfase significativa sobre a monitoração da obediência de cada país à redução dos gases de estufa e outros compromissos. Em face dos altos riscos envolvidos no aquecimento global, os custos desse trabalho seriam relativamente menores — provavelmente na ordem de 50 a 100 milhões de dólares por ano.[13] O estabelecimento de um Fórum Mundial sobre Meio Ambiente e Desenvolvimento como local de encontro para líderes mundiais propiciaria um primeiro e significativo passo no caminho do reconhecimento da nossa interdependência global e da interligação da economia do mundo com a ecologia da Terra. Dotaria a abordagem "deixem brotar mil flores" com um mecanismo de direção.

É lícito esperar que o cardápio de opções cresça rapidamente quando passarmos às negociações sobre uma convenção para o clima e os preparativos para a Conferência de Cúpula em junho de 1992. Algumas opções mencionadas antes em relação aos níveis nacional e regional poderiam ser postas em vigor com certa rapidez, sobretudo se adotarem a forma de negociações sobre o desenvolvimento e treinamento institucionais. Outras relativas ao sistema da ONU poderiam ser efetivadas pela Assembléia Geral, ao passo que ainda outras exigiriam emendas na Carta das Nações Unidas.

A Conferência de Cúpula sobre o Estado da Terra: Rio de Janeiro, junho de 1992

O debate apenas começou a respeito das mudanças políticas e institucionais necessárias para reverter a degradação ambiental e avançar no rumo de mais sustentáveis formas de desenvolvimento. O que acontecer ou deixar de acontecer no Caminho para o Rio será crucial. As negociações que conduzem ao Rio forçarão os governos a decidir — e os líderes a revelar — em que medida estão realmente preparados para ir além da retórica e tomar as difíceis decisões que se fazem agora necessárias. Os dirigentes ocidentais devem demonstrar uma liderança esclarecida. Só eles controlam os recursos econômicos, as tecnologias e a elasticidade política bastantes para acomodar significativas mudanças. Só eles podem iniciar a reestruturação das relações políticas e econômicas internacionais necessárias para apoiar um desenvolvimento sustentável. Um avanço decisivo nessas duas áreas será a chave do sucesso para a Eco-92. O fracasso significaria um enorme revés e um retrocesso incomensurável nas relações Norte-Sul, frustrando por certo as perspectivas de uma nova aliança global para garantir o futuro do nosso planeta.

Muitos dos líderes que se reunirem em 2012 para assinalar o 40º aniversário da Conferência de Estocolmo e o 20º da do Rio de Janeiro terão sido jovens na época desses eventos.[14] Como avaliarão eles o que esta geração fez ou deixou de fazer? Com que rigor julgarão aqueles que tomaram ou evitaram tomar as decisões cruciais durante as décadas prévias?

Suas avaliações e juízos dependerão do que eles virem à sua volta. Encontrarão menos ou mais pobreza e fome, menos ou mais poluição e degradação, menos ou mais justiça econômica e social dentro das nações e entre elas? Terão eles herdado países ainda truculentamente aferrados a noções obsoletas de soberania nacional ou países que se uniram em torno de seus interesses comuns e se dedicaram a trabalhar juntos para dar um renovado significado para "Nós, os povos das Nações Unidas"? Conduzirão países que encontraram caminhos para o desenvolvimento sustentável ou países ainda encerrados numa espiral descendente de declínio ecológico e econômico?

As respostas a estas interrogações serão predominantemente determinadas pelo que aconteça ou deixe de acontecer antes e no Rio de Janeiro em junho de 1992. Na melhor das hipóteses, a Eco-Rio poderá servir para quebrar a inércia pela qual as políticas e instituições nacionais continuam reforçando tendências descendentes. Poderá colocar a comunidade mundial num novo caminho para um futuro sustentável. Se a Eco-92 for coroada de êxito, o ano de 2012 deverá ver o crescimento populacional sob controle, o desenvolvimento requerido para satisfazer necessidades e aspirações realizado numa base sustentável, com maior eqüidade dentro das nações e entre elas, sistemas de incentivos econômicos públicos e privados montados para promover maior eficiência no emprego de energia e recursos, o desenvolvimento de renováveis e substitutos para os combustíveis fósseis, o desenvolvimento de tecnologias de baixo teor de resíduos e não-residuais, reciclagem total e administração de todos os materiais perigosos. Emissões de gases de estufa e substâncias destrutivas do ozônio terão sido reduzidas a níveis seguros, a biodiversidade e os recursos genéticos do planeta protegidos, e o desmatamento revertido. Os Quatro Cavaleiros continuarão prosperando, sem dúvida, mas agora irão a passo em vez de galopar através de uma parcela do mundo muito menor do que é hoje. Acima de tudo, 2012 deve presenciar uma nova parceria expressa num sistema internacional revitalizado no qual um Conselho da Terra, talvez o Conselho de Segurança com um mandato mais amplo, mantém a segurança ambiental e econômica interligada do planeta.

A Conferência de Cúpula do Rio talvez represente a última chance para o mundo, pelo menos neste século, de enfrentar seriamente e deter as ameaças ambientais cada vez mais graves contra o desenvolvimento econômico, a segurança nacional e a sobrevivência humana. Será, por certo, a última grande oportunidade para a atual geração de líderes e dos que possuem o poder decisório de cumprir suas obrigações básicas para com os seus iguais, a juventude de hoje e as gerações futuras.

Apêndices

1. Crescimento, Distribuição e Pobreza

Com que rapidez pode um país em desenvolvimento esperar eliminar a pobreza absoluta? A resposta variará de país para país; entretanto, muito pode ser aprendido através de um caso típico.

Consideremos uma nação em que metade da população vive abaixo da linha de pobreza, e onde a distribuição de rendas familiares é a seguinte: uma faixa superior de 1/5 das famílias detém 50% da renda total; em seguida, por ordem decrescente, 1/5 detém 20%, 1/5 detém 14%, 1/5 detém 9% e, no fundo, temos 1/5 com apenas 7% da renda. Isto é uma representação correta da situação em muitos países em desenvolvimento de baixa renda.

A renda do quinto inferior teria de dobrar (para o nível do terceiro quintil) a fim de reduzir a fração em pobreza de 50% para 10%. Consideremos dois casos, um em que 25% da renda diferencial do quinto mais rico é redistribuída igualmente pelos outros 4/5; e um em que não há redistribuição dos aumentos de renda. O número de anos requerido para duplicar a renda do quinto inferior nos dois casos seria:

- 18 ou 24 anos, se a renda *per capita* cresce a 3%.
- 26 ou 36 anos, se ela cresce a 2%.
- 51 ou 70 anos, se ela cresce somente a 1%.

Assim, com uma renda *per capita* crescendo apenas 1% ao ano, o tempo requerido para eliminar a pobreza absoluta entraria pelo próximo século afora. Se o objetivo é garantir que o mundo se encontre efetivamente no caminho de um desenvolvimento sustentável durante a primeira parte do próximo século, é necessário procurar obter duas coisas: um mínimo de 3% do crescimento da renda nacional *per capita* e políticas vigorosas para realizar maior eqüidade dentro dos países em desenvolvimento.

FONTE: World Commission on Environment and Development, *Our Common Future* (Nova York, Oxford University Press, 1987), p. 50.

2. *Imperativos Estratégicos para o Desenvolvimento Sustentável*

1. Crescimento suficiente para satisfazer necessidades e aspirações humanas.
2. Políticas para aumentar a eqüidade dentro das nações e entre países desenvolvidos e em desenvolvimento.
3. Políticas para reduzir elevadas taxas de crescimento populacional.
4. Políticas para conservar e elevar a base de recursos.
5. Políticas para assegurar uma rápida redução no conteúdo de energia e recursos do crescimento.
6. Mudança institucional para integrar o meio ambiente nas decisões de natureza econômica.

FONTE: Adaptado de *Our Common Future*.

3. Agenda Standard de "Primeira Geração" (Indicativa)

Questões de Poluição

Poluição atmosférica
Chuva ácida
Mudança climática
Poluição da água
Produtos químicos
Resíduos perigosos
Resíduos nucleares

Questões Urbanas

Uso e posse da terra
Moradia
Fornecimento de água e saneamento básico
Bem-estar social, saúde e educação
Megacidade
Administração do crescimento urbano

Questões de Recursos Naturais

Desmatamento
Perda de recursos genéticos
Perda de terra de lavoura
Erosão do solo/desertificação
Administração de recursos hídricos
Esgotamento de recursos marítimos
Parques, mangues, e áreas de recreação

Questões de Administração

Acompanhamento e Relato
Análise de investimento
Benefício-custo
- Efetividade do custo
- Análise de Risco

4. Agenda do Desenvolvimento Sustentável (Indicativa)

Desenvolvimento econômico e meio ambiente
População, recursos humanos e educação
Urbanização e desenvolvimento urbano
Energia, desenvolvimento e meio ambiente[1]
Agricultura, silvicultura, desenvolvimento e meio ambiente[2]
Indústria, desenvolvimento e meio ambiente[3]
Relações econômicas internacionais[4]
Governo e poder decisório[5]
Cooperação internacional

> **Patrimônios globais comuns**
> **Paz, segurança, desenvolvimento e meio ambiente**
> **Desenvolvimento financeiro**

1. Inclui poluição atmosférica, chuva ácida, mudança climática, lenha, renováveis e fontes alternativas, da "agenda standard".
2. Inclui a erosão do solo, desertificação, perda de terras de lavoura, florestas tropicais e diversidade biológica.
3. Inclui segurança industrial, produtos químicos, administração de resíduos, reciclagem e recuperação de recursos, e questões afins.
4. Inclui políticas referentes ao comércio, assistência ao desenvolvimento, empresas transnacionais e externalidades internacionais.
5. Inclui a integração do meio ambiente e da economia em instituições nacionais e internacionais de governo.

5. O Ciclo de Vida de uma Política

As questões ambientais variam muito em função de sua amplitude, fontes, efeitos, riscos e conseqüências sociais e econômicas. Uma solução específica deve ser encontrada para cada questão separada. Mas a maioria das questões passa por um ciclo de vida da política adotada, o qual consiste em quatro fases distintas, com características sumamente diferentes, determinadas por um parâmetro crítico de formulação política: o peso político atribuído a uma questão específica num dado momento (ver a Figura 3.2).

Fase 1: Reconhecimento do problema. A primeira questão é: Temos um problema? Sinais de que um problema poderá existir provêm tipicamente de pesquisadores e/ou ambientalistas, embora haja inicialmente diferenças de opinião a respeito da natureza e extensão do problema e suas causas e efeitos. Assim, um fator decisivo para o êxito é a administração da incerteza. A exigência de uma política adequada ocorre quando as autoridades governamentais responsáveis, freqüentemente em resultado de um grave incidente — por exemplo, Seveso (Itália), Bhopal (Índia), Three Mile Island (Pensilvânia), Chernobyl (URSS), Basiléia (Suíça), Love Canal (Nova York), Exxon *Valdez* (Alasca) — chegam à conclusão de que o problema deve ser resolvido.

Fase 2: Formulação da política. A discussão política sobre as medidas mais apropriadas e a distribuição correta de custos é freqüentemente acalorada durante esta fase. Por conseguinte, a cobertura da imprensa é exaustiva e a chave para o sucesso é, com freqüência, a administração da crise, com os responsáveis pela formulação de uma política enfatizando mais a efetividade do que a eficiência: seja qual for o custo, encontrar uma solução que funcione e fazê-la passar no legislativo.

Fase 3: Implementação. A implementação da política é freqüentemente onerosa e tem um grande impacto microeconômico sobre a indústria, a geração de energia elétrica, os transportes, a agricultura e/ou a vida familiar. Entretanto, uma vez determinado como o problema será resolvido, a atenção que lhe era prestada pela política e a sociedade tende a declinar gradualmente. Com a transferência para a administração operacional, dá-se mais ênfase à imposição e, sobretudo, à dinamização de regulamentações e procedimentos. Os formuladores de política ambiental voltam suas atenções para a eficiência na condução do problema. A descentralização de responsabilidades para níveis inferiores de governo (administrações estaduais, municipais) desempenha freqüentemente um papel crucial a esse respeito.

Fase 4: Controle. A quarta e última fase do ciclo de vida de uma política começa quando a melhoria pretendida na qualidade ambiental foi concretizada e o problema fica reduzido a proporções que são política e tecnicamente aceitáveis, com base na informação existente. Os responsáveis pela formulação da política ambiental devem assegurar-se agora de que o problema permanecerá sob controle. Quando essa política é internalizada por toda a sociedade, as regulamentações referentes à questão podem freqüentemente ser simplificadas e, por vezes, até abolidas (desregulamentação). Por via de regra, entretanto, a vigilância continua sendo necessária.

Embora as prioridades nacionais tendam a diferir e a política ambiental possa ser mais avançada em regiões específicas do mundo, uma panorâmica geral apresenta uma indicação do estado corrente de desenvolvimento das principais questões ambientais em países industrializados (ver a Figura 3.3). Cumpre assinalar que a situação pode ser muito diferente em diversas partes do mundo. Questões que em alguns países ocidentais podem estar na Fase 4, em outros poderão estar na Fase 3 e nos países em desenvolvimento talvez se encontrem na Fase 2 ou mesmo na Fase 1. As nações estão, por assim dizer, defasadas em relação umas às outras e aí residem as oportunidades para barganhas.

FONTE: Adaptado de *Guests in Our Own Home*, 1986, Pieter Winsemius (McKinsey & Company, 1990).

Notas

capítulo 1 (pp. 15-41)

1. Tom d'Aquino, "Till Death Do Us Part", "conferência proferida em National and Provincial Round Tables, Winnipeg, abril de 1989. Ottawa: Business Council on National Issues, 1989.
2. The World Commission on Environment and Development, *Our Common Future*. Oxford: Oxford University Press, 1987. Ver também Jim MacNeill, "Strategies for Sustainable Economic Development," *Scientific American* 261 (setembro de 1989): 154.
3. Ruth Leger Sivard, *World Military and Social Expenditures, 1988-89*. Washington, D.C.: World Priorities Institute, 1989.
4. The World Bank, *World Development Report, 1989*. Washington, D.C.: World Bank.
5. Peter M. Vitousek e outros, "Human Appropriation of the Products of Phototosynthesis", *BioScience* 36 (junho de 1986): 368. A transformação e apropriação é 40% da produtividade primária líquida de todos os ecossistemas terrestres.
6. Thomas E. Graedel e Paul J. Crutzen, "The Changing Atmosphere", *Scientific American* 261 (setembro de 1989): 58.
7. Bertil Bolin e outros, *The Global Carbon Cycle, SCOPE 13*. Chichester, Inglaterra: John Wiley, 1979.
8. The World Commission on Environment and Development, *Mandate for Change*, Genebra: WCED, agosto de 1984.
9. Norman Meyers, *Deforestation Rates in Tropical Forests and their Climatic Implications*: Londres: Friends of the Earth, 1989.
10. U.N. Economic Commission for Europe, *Forest Damage and Air Polution: Report of the 1988 Forest Damage Survey in Europe*. UNEP, *Global Environment Monitoring System*, 1989.
11. L. Hallbacken e C. O. Tamm, "Changes in Soil Acidity from 1927 to 1982-4 in a Forest Area of Southwest Sweden", *Scandinavian Journal of Forest Research*, nº. 1, 1986.

12. "Neuartige Waldschaden in der Bundesrepublik Deutschland", Das Bundesministerium für Ernährung, Landwirtschaft und Forsten, 1983; "Waldschaden Sernebungen", Das Bundesministerium für Ernährung, Landwirtschaft und Forsten, 1985.
13. Lester R. Brown, "Reexamining the World Food Prospect", in *State of the World 1989*. Washington, D.C.: WorldWatch Institute.
14. Jodi L. Jacobson, "Abandoning Homelands", in *State of the World 1989*. Washington, D.C.: WorldWatch Institute.
15. National Aeronautics and Space Administration (NASA), *Executive Summary of the Ozone Trends Panel*. Washington, D.C., 15 de março de 1988.
16. J. T. Houghton, G. J. Jenkens e J. J. Ephraums, orgs., Intergovenmental Panel on Climate Change, *Climate Change, the IPCC Scientific Assessment*. Relatório preparado para o IPCC pelo Grupo de Trabalho I, World Meteorological Organization e United Nations Environment Program, Cambridge University Press, 1990.
17. Jill Jaeger, "Developing Polices for Responding to Climatic Change." Um sumário das discussões e recomendações do *workshop* realizado em Villach (28 de setembro-2 de outubro de 1987) e Bellagio (9-13 de novembro de 1987), sob os auspícios do Beijer Institute, Estocolmo. World Meteorological Organization e United Nations Environmental Programme, abril de 1988.
18. *The Montreal Protocol on Substances that Deplete the Ozone Layer, 1987*. UNEP/WMO, 1987. As nações concordaram numa redução de 50% na produção e consumo dos principais CFCs destruidores de ozônio pelos países desenvolvidos em 1992, com uma dilação de 10 anos para os países em desenvolvimento.
19. Jaeger, "Developing Policies for Responding to Climate Change".
20. Richard Houghton e George Woodwell, "Global Climate Change", *Scientific American* 26 (abril de 1989): 36-44.
21. Relatório por um Grupo de Especialistas da Comunidade Britânica, Climate Change: Meeting the Challenge. Commonwealth Secretariat, Marlborough House, Pall Mall, Londres SWIY 5HX, setembro de 1989.
22. Environment Canada, *The Changing Atmosphere: Implications for Global Security: Toronto, Canada, June 27-30, 1988*. Relatório da conferência, Environment Canada, 1988.
23. Eric Arrhenius and Thomas, Waltz, "The Greenhouse Effect: Implications for Economic Development." Discussion Paper nº. 78. Washington, D.C.: World Bank, 1990.
24. Intergovernmental Panel on Climate Change, *Scientific Assessment of Climate Change*. Relatório para o IPCC do Grupo de Trabalho I, terceira minuta. Bracknell, U.K.: Meteorological Office, 2 de maio de 1990.
25. *Our Common Future*.
26. Para um sumário recente e atualizado do trabalho da WCED (1987), ver Robert Repetto (1986), R. Kerry Turner (1988), David Pearce, Edward Barbier e Anil Markandaya, *Sustainable Development Economics and Environment in the Third World*. London Environmental Economics Center: Edward Elgar Publishing, fevereiro de 1989.

27. World Bank. "World Debt Tables 1989-90, External Debt of Developing Countries", vol. 1: "Analysis and Sumary Tables", p. 78. Washington, D.C.: World Bank, 1989.
28. Ingo Walter e J. H. Loudon, "Environmental Costs and the Patterns of North-South Trade". World Commission on Environment and Development, 1986.
29. Nafis Sadik, "Investing in Women". Helsínque, Finlândia: Exposição submetida ao United Nations Population Fund, 12 de maio de 1989.
30. Robert Repetto, *Public Policies and the Misuse of Forest Resources*. Nova York: Cambridge University Press, 1988.
31. Para uma análise completa das políticas agrícolas ecologicamente perversas e sua reforma, ver *Food 2000, Global Policies for Sustainable Agriculture*, o relatório do Advisory Panel on Food Security, Agriculture, Forestry and Environment para a World Commission on Environment and Development. Londres: Zed Books, 1987. Ver também o Cap. 5 de *Our Common Future*, e *World Development Report, 1986*, Parte II: "Trade and Pricing Policies in World Agriculture".
32. Mark Kosmo, *Money to Burn? The High Cost of Energy Subsidies*. Washington, D.C.: World Resources Institute, 1987.
33. Ian Brown, "Energy Subsidies in the United States", *Energy Pricing: Regulation, Subsidies and Distortion*. Surrey Energy Economics Centre Discussion Paper Nº. 38. Guildford, Inglaterra: University of Surrey, 1989.
34. Udo E. Simonis e outros, "Structural Change and Environmental Policy, Empirical Evidence on Thirty-One Countries in East and West". Berlim: Science Center, julho de 1988. Ver também "Ecological Modernization of Industrial Society — Three Strategic Elements."
35. *World Development Report, 1989*.
36. *Ibid.*; e Eric D. Larson, Marc H. Ross e Robert H. Williams, "Beyond the Era of Materials", *Scientific American* 254 (junho de 1986): 34-41.
37. Simonis e outros, "Structural Change". Ver também Archibugi e Nijkamp, " Ecological Modernization of Industrial Society."
38. Amory B. Lovins, "Energy, People and Industrialization". Interaction Council, High-Level Expert Group on Ecology and Energy Options, Montreal, 29-30 de abril de 1989, Rocky Mountain Institute, janeiro de 1989.
39. "Cleaning Up After Communism". *The Economist*, 314, 17 de fevereiro de 1990: 54-56. Ver também "Poison in the East", uma série em cinco partes sobre poluição na Europa Oriental, *Boston Globe*, 17-21 de dezembro de 1989.
40. José Goldenberg, Thomas B. Johansson, Amalya K. N. Redday e Robert H. Williams, *Energy for Development*, Washington, D.C.: World Resources Institute, 1985.
41. "Wasting Opportunities: President Bush Needs Only One Strategy for Energy: Save it". *The Economist*, 317 (22 de dezembro de 1990): 14.
42. William D. Ruckelshaus, "Toward a Sustainable World", *Scientific American*, 261 (setembro de 1989): 166-74.
43. Jim MacNeill e Bob Munro, "Moving from the Margin to the Mainstream: 1972-1992." *EcoDécision* (Primavera de 1991).

capítulo 2 (pp. 42-64)

1. L. G. Uy, "Combatting the Notion of Environment as Additionality: A Study of the Integration of Environment and Development". Hobart, Tasmânia: Center for Environmental Studies, University of Tasmania, 1985.
2. D. H. Meadows, D. L. Meadows, J. Randers e W. Behrens, *The Limits to Growth*. Londres: Earth Isaland, 1972. Ver também H. Daly, "The Economic Growth Debate: What Some Economists Have Learned and Many Have Not". *Journal of Environmental Economics and Management*, 14 (dezembro de 1987): 323-36.
3. United Nations, *Proceedings of the United Nations Conference on the Human Environment*. Estocolmo, Suécia: United Nations, 1972.
4. Organization for Economic Cooperation and Development, *The State of Environment, 1985*. Paris: OECD, 1985.
5. "Cleaning Up After Communism", *The Economist* (17 de fevereiro de 1989). Ver também "Poison in the East", *Boston Globe*, 17-21 de dezembro, 1989.
6. The World Commission for Environment and Development, *Our Common Future*. Oxford: Oxford University Press, 1987.
7. Martin W. Holdgate, Mohammed Kassas e Gilbert F. White, *The World Environment 1972-1982*. Um relatório pelo United Nations Environment Programme, Dublin: UNEP, Tycooly International Publishers Ltd., 1982.
8. Ver, por exemplo, *Economic Declaration*, Sumit of the Arch, 16 de julho de 1989. Quai d'Orsay, Paris; *Declaration of the Hague*, Environmental Summit, the Hague, 11 de março de 1989. Ministry of Housing, Physical Planning and the Environment, Holanda; *The Langkawi Declaration*, Chefes de Governo da Comunidade Britânica, Kuala Lumpur, 18-24 de outubro de 1989. Commonwealth Secretariat, Londres; *The Noordwijk Declaration on Climate Change*, 6-7 de novembro de 1989. Ministry of Housing, Physical Planning and the Environment, Holanda; *Moscow Declaration of the Global Forum on Environment and Development for Human Survival*, janeiro de 1990. Ministério das Relações Exteriores, Moscou.
9. Mark Kosmo, *Money to Burn? The High Cost of Energy Subisidies*. Washington, D.C.: World Resources Institute, 1987.
10. Robert Repetto, *The Forests for the Trees? Government Policies and the Misuse of Forest Resources*. Washington, D.C.: World Resources Institute, maio de 1988.
11. Robert Repetto, *Paying the Price: Pesticide Subsidies in Developing Countries*, Washington, D.C.: World Resources Institute, 1986.
12. Robert Repetto, *Appropriate Incentives in Public Irrigation Systems*. Washington, D.C.: World Resources Institute, 1986.
13. Senate of Canda, *Soil and Risk: Canada's Eroding Future*. Ottawa: Government of Canada, 1984.
14. *Food 2000, Global Policies for Sustainable Agriculture*, o relatório do Advisory Panel for Sustainable Food Security, Agriculture, Forestry and Environment to the World Commission on Environment and Development. Londres: Zed Books, 1987. Ver também *Our Common Future*, e World Bank, *World Development Report, 1986*, Washington, D.C.: World Bank.

15. "Panda Policy: Farmers Should Be Paid for Protecting the Environment". *The Economist,* 317 (10 de novembro de 1990): 17; e Cathal O'Connor, "Paying the Price for a Green and Pleasant Land", *The Independent,* 28 de outubro de 1990.
16. Robert Repetto, *Public Policies and the Misuse of Forest Resources,* Cambridge University Press, 1988. Ver também Repetto, *The Forests for the Trees?*
17. Jim MacNeill, André Saumier, John Cox e David Runnalls, *CIDA and Sustainable Development.* Ottawa: Institute for Research on Public Policy. 1989.
18. Michel Potier, "Towards a Better Integration of Environmental, Economic and Other Government Policies", Report on the 1989 Technology Transfer Conference, Toronto, 20-21 de novembro de 1989. Paris: OECD.
19. Mark Kosmo, *Money to Burn?*
20. Ian Brown, "Energy Subsidies in the United States", *Energy Pricing: Regulation, Subsidies and Distortion.* Surrey Energy Economics Centre Discussion Paper Nº. 38. Guildfor, Inglaterra: University of Surrey, março de 1989.
21. Entre 1984 e 1989, os gastos federais canadenses para promover a eficiência energética caíram de mais de 400 milhões para menos de 40 milhões de dólares.
22. R. C. Cavanagh, "Global Warming and Least-Cost Energy Planning." *Annual Review of Energy,* 14 (1989): 353-73.
23. William U. Chandler e Andrew K. Nicholis, "Assessing Carbon Emissions Control Strategies: A Carbon Tax or a Gasoline Tax?" Minuta manuscrita do American Council for an Energy-Efficient Economy, 15 de setembro de 1989.
24. Ronald H. Coase, "The Problem of Social Cost". *Journal of Law and Economics* 3 (1960): 1-44; J. H. Dales, *Pollution, Property and Prices.* University of Toronto Press, 1968; William J. Baumol e Wallace E. Oates, *The Theory of Environmental Policy.* Englewood Cliffs, N.J.: Prentice Hall, 1975.
25. Garret Hardin, "The Tragedy of the Commons." Em *Economics, Ecology and Ethics, Essays Toward a Steady-State Economy,* Herman Daly (org.). São Francisco: W. H. Freeman, 1980, pp. 100-20.
26. Joel S. Swisher e Gilbert M. Masters, "Internacional Carbon Emission Offsets: A Tradeable Currency for Climate Protection Services", Technical Report 309, Dept. of Civil Engineering, Stanford University, 28 de fevereiro de 1989. Discurso do Presidente George Bush perante o Intergovernmental Panel on Climate Change, Washington, D.C., fevereiro de 1990.
27. Reference Project 88, *An Environmental Policy Agenda for the Next President.* Preparado sob os auspícios dos Senadores John Heinz e Tim Wirth, novembro de 1988. Publicado por Project 88, Washington D.C., 1988; e Robert N. Stavins, "Clean Profits: Using Economic Incentives to Protect the Environment". *Policy Review* 48 (Primavera de 1989): 58.
28. National Task Force on Environment and Economy, *The Green Report to the Canadian Council of Resource and Environment Ministers (CCREM).* CCREM, novembro de 1987.
29. Governo da Suécia, "Swedish Government Proposes Carbon-Dioxide Tax". Estocolmo: Ministério do Meio Ambiente e Energia, 6 de fevereiro de 1990.

A legislação impõe um imposto sobre o valor adicionado (VAT) de 23,46% sobre os combustíveis energéticos, uma sobretaxa de SKr 0,25 (aproximadamente US$ 0,4) por quilo nas emissões de dióxido de carbono (cerca de 7 vezes a sobretaxa finlandesa), e uma sobretaxa de SKr 30 (aproximadamente US$ 5) por quilo sobre as emissões de enxofre. O VAT sobre combustíveis para motores discriminará contra o uso de chumbo e favorecerá os combustíveis com baixo teor de enxofre e emissões aromáticas.

30. Governo da Suécia, *The Swedish Budget, 1990/91*. Resumo publicado pelo Ministério das Finanças sueco.
31. A sobretaxa finlandesa equivale a cerca de 6,10 dólares por tonelada de emissões de carbono. No total, os impostos verdes e as taxas sobre usuários aumentarão em cerca de 1% a receita total em impostos. "Green Taxes, Where There's Muck There's Brass". *The Economist*, 314 (17 de março de 1990): 46-47.
32. Potier, "Towards a Better Integration of Environmental, Economic and Other Government Policies".
33. Repetto, *The Forests for the Trees*?
34. Potier, "Towards a Better Integration of Environmental, Economic and Other Government Policies".
35. E. J. Mischan, *The Costs of Economic Growth*. Londres: Staples Press, 1967; D. W. Pearce, *The Economics of Natural Resource Depletion*. Londres: MacMillan, 1975; H. E. Daly, *Steady State Economics*, São Francisco: Freeman, 1977.
36. *Our Common Future*; e *CIDA and Sustainable Development*.
37. Câmara dos Comuns do Canadá, Projeto de Lei C-t8, "An Act to Establish a Federal Environmental Assessment Process", Ottawa: Canadian Government Publishing Centre, Supply and Services Canada, 18 de junho de 1990.
38. *Our Common Future*.
39. *Ibid*. Ver também Jim NacNeill, *Testimony Before the Standing Committee on Environment, Minutes of Proceedings and Evidence of the Standing Committee on Environment*. Ottawa: House of Commons, 25 de maio de 1989.
40. Uma Comissão Parlamentar canadense recomendou recentemente que se criasse um "auditor geral" ambiental, a ser nomeado pelo Parlamento, com a missão de realizar uma auditoria permanente de todos os órgãos federais e das implicações ambientais de suas políticas e orçamentos. Ver Standing Committee on the Environment, *No Time To Loose: The Challenge of Global Warming*. Ottawa. Queen's Printer for Canada, outubro de 1990.
41. The World Commission on Environment and Development, *Mandate for Change*. Genebra, agosto de 1984.

Capítulo 3 (pp. 65-86)

1. Na Declaração de Moscou do *Fórum Global sobre Meio Ambiente e Desenvolvimento para a Sobrevivência Humana*, em janeiro de 1990, os líderes mundiais concordaram em "voltar para casa e plantar uma árvore". Ver também: Office of the President, *Budget of the United States Government, Fiscal Year 1991*. IIIF, "Protecting the Environment".

2. A. H. Westing (org.), *Global Resources and International Conflict: Environmental Factors in Strategic Policy and Action*. Nova York: Oxford University Press, 1986.
3. Project Paper for Haiti Agroforestry Outreach Project (project nº 521-0122). Washington, D.C.: U.S. Agency for International Development, 1981.
4. U.S. Man and Biosphere Secretariat. "Draft Environmental Profile of El Salvador". Washington, D.C.: U.S. Agency for International Development Bureau of Science and Technology, abril de 1982.
5. Relief and Rehabilitation Commission, "Drought and Rehabilitation in Wollo and Tigrai". Addis Abeba, 1975.
6. "Cleaning Up After Communism". *The Economist*, 314 (17 de fevereiro de 1990): 54-56.
7. Malin Falkenmark, "New Ecological Approach to the Water Cycle: Ticket to the Future". *Ambio* 13 (1984): 152-160.
8. Joyce C. Starr e Daniel C. Stoll, *The Politics of Scarcity: Water in the Middle East*. Center for Strategic and International Studies. Boulder, Colorado, e Londres: Westview Press, 1988.
9. Norman Myers, *Not Far Afield: U.S. Interests and the Global Environment*. Washington, D.C.: World Resources Institute, junho de 1987.
10. Assinale-se a crise atual nas pesqueiras da costa leste canadense, onde as reservas entraram em colapso porque ministros eleitos se recusaram a estabelecer cotas baixas em águas canadenses recomendadas pelos cientistas; eles preferiram, em vez disso, apontar as frotas estrangeiras, pescando em águas internacionais, como os verdadeiros vilões. Ver "Tough Fishing Limits Slip Through the Net". *New Scientist*, 5 (janeiro de 1991): 14.
11. A conferência de cúpula do G7 em julho de 1990, em Houston, fornece um caso ilustrativo. Os sete líderes do Norte concordaram prontamente em dar prioridade a uma convenção sobre o desmatamento tropical, a qual está concentrada no Sul mas, principalmente por causa da oposição dos Estados Unidos, não chegaram a acordo sobre medidas para reduzir o uso de combustíveis fósseis, as quais se concentrariam no Norte. Ver *Declaration of the Houston Summit*, 18 de julho de 1990; e "President Bush Lauds Result of Houston Summit". Transcrição da conferência de imprensa do Presidente Bush após o encerramento da conferência de cúpula. Washington, D.C.: White House, escritório do secretário de Imprensa, 5 de fevereiro de 1990.
12. Impacto total de uma comunidade = População x (Atividade *per capita*) x Impacto por unidade de atividade econômica. Esta útil identidade contábil apresentada por P. R. Ehrlich e J. P. Holdren em *Science* 171 (1971): 1212, sustenta que a taxa de crescimento instantâneo do impacto ambiental é a soma das taxas de crescimento instantâneo dos três fatores.
13. Embora uma atividade medida (digamos, o consumo de um hambúrguer) possa ocorrer num lugar, seu impacto associado pode propagar-se em muitos lugares: a pastagem natural onde o boi foi alimentado (pode ser sustentável ou não; pode ser terra desmatada para pastagem ou pode não ser), o vazadouro rural onde serão enterradas as sobras do empacotamento de carnes, a região onde foi construída uma represa a fim de fornecer energia para a cozinha, o campo petrolífero esgotado para gerar energia e os produtos petroquímicos

usados para fabricar os plásticos usados em embalagens, e o dano mundial resultante da destruição do ozônio causada pelo agente CFC utilizado na manufatura de embalagens.

14. Ver "The Problem of Interregional Trade" em William E. Rees, "A Role for Environmental Assessment in Achieving Sustainable Development". *Environmental Impact Assessment Review* 8 (1988): 271-72.
15. World Resources Institute, *World Resources 1988-89: An Assessment of the Resource Base that Supports the Global Economy*. Nova York, Basic Books, 1989.
16. Assembléia Geral das Nações Unidas, 44/228/ de 22 dezembro de 1989.
17. Omar Sattaur, "Convention Breaks Down Over Protecting Gene Pool". *New Scientist* (15 de dezembro de 1990).
18. Presidente George Bush, "Address to Intergovernmental Panel on Climate Change", Washington, D.C., fevereiro de 1990.
19. UNEP/WMO, *Amendments to the Montreal Protocol on Substances that Deplete the Ozone Layer*. Adotadas em Londres, 29 de junho de 1990. As Emendas de Londres adicionaram numerosos CFCs à lista e pedem que sua fabricação seja gradualmente eliminada até 2000. As emendas também pedem uma eliminação gradual de halons até 2000; e acrescentam duas substâncias-chave — o clorofórmio metílico e o tetracloreto carbônico — à lista, pedindo uma eliminação gradual até 100% do primeiro por volta de 2005 e do segundo em 2000.
20. Valerie E. D. Heskins. "The Greening of the Summit: the Group of Seven Industrialized Democracies and the Environment Issue". Seven Power Summit Project, Center for Environmental Studies, Universidade de Toronto, 1990.
21. John Kirton, "Sustainable Development at the Houston Seven Power Summit". Center for International Studies, Universidade de Toronto.
22. Ver Alain Giguere, depoimento perante o Fórum Parlamentar sobre Mudança Climática Global, 23 de abril de 1990. Ottawa: Queen's Printer for Canada, 1990.
23. "People Around the World Deeply About Pollution, Survey for UN Finds". Montreal, *Gazette*, 10 de maio de 1989. Reportagem sobre uma pesquisa de opinião de Louis Harris para o UNEP de 14 países, incluindo 11 no Terceiro Mundo.
24. *The Langkawi Declaration*, chefes de governo da Comunidade Britânica, 18-24 de outubro de 1989.
25. Robert Mugabe, *Premier* do Zimbabwe, discurso perante a Assembléia Geral das Nações Unidas, 18-19 de outubro de 1987.
26. Jozef Goldblat (org.), *Non-Proliferation: The Why and the Wherefore*. Londres: Taylor & Francis, 1985.
27. R. D. Lipschutz, "The Political Economy of Strategic Materials", Berkeley, Calif.: Pacific Institute for Studies in Development, Environment and Security, 1988.
28. R.D. Lipschutz e J.P. Holdren, "Crossing Borders: Resource Flows, The Global Environment, and International Security". Berkeley, Calif.: Pacific Institute for Studies in Development, Environment and Security, 1989.

29. Ver World Commission on Environment and Development, *Our Common Future*, cap. 11, Oxford: Oxford University Press, 1987.
30. Jessica Tuchman Mathews, "Redefining Security". *Foreign Affairs*, Primavera de 1989, Vol. 68, Nº 2, pp. 162-177.
31. Organization for Economic Cooperation and Development, *Economic and Ecological Interdependence*. Paris: OECD, 1981.

Capítulo 4 (pp. 87-122)

1. D. Lashof e D. Tirpak, *Policy Options for Stabilizing Global Climate*. EPA Draft Report to the U.S. Congress, fevereiro de 1989.
2. Intergovernmental Panelon Climate Change, *Scientific Assessment of Climate Change*. Relatório do IPCC do Grupo de Trabalho I, terceira minuta. Bracknell, U.K.: Meteorological Office, 2 de maio de 1990.
3. Second World Climate Conference, "Final Conference Statement, Scientific/Technical Sessions, 7 de novembro de 1990", §8. Genebra: World Meteorological Organization e United Nations Environment Program, 1990.
4. IPCC, "Potential Impacts of Climate Change". Relatório preparado para o IPCC pelo Grupo de Trabalho II, junho de 1990. Genebra: World Meteorological Organization e United Nations Environment Program, 1990.
5. Second World Climate Conference, "Ministerial Declaration of the Second World Climate Conference", 7 de novembro de 1990, §8. Genebra: World Meteorological Organization e United Nations Environment Program, 1990.
6. Second World Climate Conference, "Formulation of Response Strategies". Relatório preparado para o IPCC pelo Grupo de Trabalho III, junho de 1990. Genebra: World Meteorological Organization e United Nations Environment Program, 1990.
7. "Ministerial Declaration of the Second World Climate Conference", §12.
8. Governo do Japão, "Action Program to Arrest Global Warming: Decision made by the Council of Ministers for Global Environment Conservation". Tóquio: Governo do Japão, 23 de outubro de 1990.
9. Os ministros reconheceram essas diferenças "de enfoque e de ponto de partida na formulação dos alvos". "Ministerial Declaration of the Second World Climate Conference", §12.
10. Ver as declarações pelo Brasil, China e Índia na Conferência Ministerial. Atas da Segunda Conferência Mundial do Clima, §12.
11. Kirk Smith, "Global Warming and the National Debt". Havaí: Environment and Policy Institute, East-West Center, 1989.
12. Declaração na Conferência; *op. cit.*
13. The World Commission on Environment and Development, *Our Common Future*. Oxford, Oxford University Press, 1987.
14. UNEP, "General Assessment of Progress in the Implementation of the Plan of Action to Combat Desertification 1978-1984". Nairobi: UNEP, 1984.
15. James Gustav Speth, "Coming to Terms: Toward a North-South Bargain for the Environment". Washington, D.C.: World Resources Institute.

16. O termo "barganha global" concentra-se nas negociações internacionais entre parceiros freqüentemente muito distantes, de um modo geral cruzando as divisas Norte-Sul e Leste-Oeste.
17. The World Bank, *World Development Report. 1989*. Washington, D.C.: The World Bank.
18. World Resources Institute, *Natural Endowments, Financing Resource Conservation for Development*, International Conservation Financing Project, encomendado pelo Programa de Desenvolvimento das Nações Unidas. World Resources Institute, Washington D.C.
19. Além da World Commission on Environment and Development (*Our Common Future*. Oxford: Oxford University Press, 1987), esses centros e institutos incluem: World Resources Institute, Washington, D.C. (por exemplo, *Natural Endowments, Financing Resource Conservation for Development*), o Institut fur Europaische Umweltpolitik, Bonn, Alemanha (por exemplo, Ernst U. von Weiszacker, "Regulatory Reform and the Environment: The Case for Environmental Taxes"), o Institute for Research on Public Policy, Ottawa, Canadá (por exemplo, Jim MacNeill, André Saumier, David Runnalls, John Cox, *CIDA and Sustainable Development*. Ottawa: Institute for Research on Public Policy, 1989), o Governo da Holanda (por exemplo, McKinsey & Company, "Protecting the Global Atmosphere: Funding Mechanisms". Relatório apresentado à Conferência Ministerial sobre Poluição Atmosférica e Mudança Climática, Noordwijk, Holanda, novembro de 1989) e o Royal Institute of International Affairs (por exemplo, Michael Grubb, "The Greenhouse Effect: Negotiating Targets". Londres: Royal Institute for International Affairs, novembro de 1989).
20. David Runnalls, "The Grand Bargain". Comentários apresentados ao Canadian Institute for International Affairs, Ottawa, Canadá: Institute for Research on Public Policy, 3 de maio de 1989. James Gustav Speth, "Bargaining for the Future, Debt Relief and Climate Protection". Washington, D.C.: World Resources Institute, 1990.
21. UNEP/WMO, *Amendments to the Montreal Protocol on Substances that Deplete the Ozone Layer*. Adotado em Londres, 29 de junho de 1990. Genebra. UNEP/WMO, 1990.
22. McKinsey & Company, "Protecting the Global Atmosphere".
23. Dr. Amil Markandya, "The Costs to Developing Countries of Entering the Montreal Protocol: A Synthesis Report". UNEP, maio de 1990.
24. Os estudos também cobrem halons, tetracloretos de carbono e clorofórmio metílico.
25. Esse trabalho foi iniciado num "workshop" do UNEP em Nairobi, 21-25 de agosto de 1989. O projeto foi posteriomente ampliado num "workshop" patrocinado pela EPA em Washington D.C., 15-17 de janeiro de 1990.
26. *Our Common Future*, pp. 314, 319.
27. MacNeill e outros, *CIDA and Sustainable Development*, cap. 2.
28. Relatório do Secretário-Geral, "Technical and Economic Aspects of International River Basin Development." UN E/C. 7/35, Nova York, 1972. Ver também, "Experiences in the Development and Management of International

River and Lake Basins". Atas do UN Interregional Meeting of the International River Organization realizado em Dakar, Senegal, maio de 1981. Nova York: Nações Unidas, 1983.

29. A idéia veio de Robert Williams, Center for Energy and Environmental Studies, Princeton University.
30. Ver *Our Common Future; e José Goldenberg, Thomas B. Johannson, Amalya K. N. Reddy e Robert H. Williams, Energy for Development*. Washington, D.C.: World Resource Institute, 1985.
31. DPA Group, Inc., *Study on the Reduction of Energy-Related Greenhouse Gas Emissions*. Encomendado pelo Ministério de Energia de Ontário (com o apoio de todos os departamentos federais e provinciais de energia do Canadá). Preparado pelo DPA Group, Inc., em associação com CH_4 International Ltd., RCG/Hagler, Bailly, Inc., Steven G.Diener & Associates Ltd., Ontario Ministry of Energy, março de 1989.
32. *Environmental Action Plan for Netherlands*. Electricity and Gas Distribution Companies (VEEN, VEGIN, VESTIN), abril de 1990.
33. K. Blok, E. Worrell, R. A. W. Albers e R.F.A. Guelenaere, "Data on Energy Conservation Techniques for the Netherlands". Universidade de Utrecht, 1990; Tim Jackson e Simon Roberts, "Getting Out of the Greenhouse: An Agenda for UK Action on Energy Policy". Londres: Friends of the Earth, dezembro de 1989.
34. Tim Jackson, "The Least Cost Greenhouse Planning: Supply Curves for Global Warming Abatement". *Energy Policy* 19 (janeiro/fevereiro 1991).
35. Robert H. Williams, "Low-Cost Strategies for Coping with CO_2 Elission Limits" (uma crítica de "CO_2 Emission Limits: An Economic Cost Analysis for the USA", de Alan S. Manne e Richard G. Richels, *The Energy Journal*, novembro de 1989. Center for Energy and Environmental Studies, Princeton University, dezembro de 1989. E B. Bodlund (Vattenfall), E. Mills (U. de Lund), T. Karlsson (Vattenfall) e T. Johansson (U. de Lund), *The Challenge of Choices: Technology Options for the Swedish Electricity Sector in Electricity: Efficient End-Use and New Generation Technologies and the Planning Implications*, T. Johannson, B. Bodlund e R. Williams (orgs.). Suécia: Lund University Press, 1989.
36. Brita Bye, Torstein Bye e Lorents Lorentsen, "SIMEN: Studies in Industry, Environment and Energy Towards 2000". Central Bureau of Statistics, Discussion Paper Nº. 44, Oslo, agosto de 1989.
37. Netherlands Central Planning Bureau, em *National Environmental Policy Plan of the Netherlands*, Ministério da Habitação, Planejamento Físico e Meio Ambiente, Holanda, 1989. Diretoria Geral para a Energia, Comissão das Comunidades Européias. *Energy for a New Century: The European Perspective — Major Themes in Energy Revisited*. Bruxelas, maio de 1990.
38. McKinsey & Company, "Protecting the Global Atmosphere".
39. *Ibid.*
40. Assinale-se que isto diz respeito às exigências de financiamento internacional, não ao custo total para as sociedades industrializadas e em desenvolvimento.

41. Muitos países da OCDE viram os gastos só com a poluição ambiental (isto é, não incluindo os gastos com a administração de recursos) subir de cerca de 1,3% do PNB em 1970 para algo entre 1,5% e 2% no final da década. *Our Common Future*, p. 335.
42. Ver, por exemplo, International Energy Agency, "Energy and the Environment: Policy Overview." Paris: IEA/OECD, 1989.
43. "Bergen Ministerial Declaration on Sustainable Development in the ECE Region." Bergen, Noruega. ECE, 16 de maio de 1990.
44. Intergovernmental Panel on Climate Change, *Scientific Assessment of Climate Change*. Report to IPCC from Working Group 1, third draft. Bracknell, U.K.: Meteorological Office, 2 de maio de 1990.
45. John Valorzi, "U.S. Refects Call for Green Fund". *Canadian Press,* 12 de julho de 1990. Ver também *Declaration of the Houston Summit,* 18 de julho de 1990.
46. Manne e Richels, "CO_2 Emission Limits".
47. Robert H. Williams, "Low-Cost Strategies for Coping with CO_2 Emission Limits". Center for Energy and Environmental Studies, Princeton University, dezembro de 1989.
48. William D. Nordhaus, "To Slow or Not to Slow: The Economics of the Greenhouse Effect", 5 de fevereiro de 1990; e "The Economics of the Greenhouse Effect", dissertação apresentada nas reuniões de 1989 do International Energy Workshop e no MIT Symposium on Environment and Energy.
49. Peter Passell, "Curing the Greenhouse Effect Could Run into the Trillions", *New York Times*, 19 de novembro de 1989, p. 1.
50. A Segunda Conferência Mundial do Clima recomendou que "se considerasse a necessidade de recursos de financiamento, incluindo o proposto Fundo do Banco Mundial, um mecanismo de compensação e um possível novo fundo internacional. Tal fundo estaria relacionado com a implementação da convenção básica sobre mudança climática e qualquer outro instrumento afim sobre o qual se chegasse a acordo". "Ministerial Declaration of the Second World Climate Conference", §17.
51. Até fins de janeiro de 1991, a China e a Índia não o tinham feito.
52. A Segunda Conferência Mundial do Clima declarou que "A fim de habilitar os países em desenvolvimento a fazer face ao aumento de custos requerido para tomar as medidas necessárias no tocante à mudança de clima e elevação do nível do mar, compatíveis com suas necessidades de desenvolvimento, recomendamos que recursos financeiros adicionais e adequados sejam mobilizados e as melhores tecnologias existentes, ambientalmente seguras, transferidas rapidamente numa base justa e favorável ao máximo". "Ministerial Declaration of the Second World Climate Conference", §15.
53. Por exemplo, Haia, março de 1989, e Helsinque, maio de 1989. A Conferência de Noordwijk em 1989 confirmou essencialmente essa sugestão, mas preferiu falar de mecanismos de financiamento para ampliar o leque de opções práticas.
54. John Valorzi, "U.S. Rejects Call for Green Fund". *Canadian Press,* 12 de julho de 1990. Ver também *Declaration of the Houston Summit*, julho de 1990.

55. World Resource Institute, *Natural Endowments: Financing Resource Conservation for Development.*
56. *Ibid.*
57. Anthony Cassils e Geza P. de Patrallyay, "Let's Give Businesses an Incentive They Understand". *Globe and Mail*, 21 de outubro de 1988.
58. World Resources Institute, *Natural Endowments*.
59. A. R. Dobell e E. A. Parson, "A World Atmosphere Fund", *Policy Options*, novembro de 1988, propõe um plano de licenças internacionais de emissão no qual algumas licenças são concedidas a países de baixa renda numa base *per capita*, e outras são leiloadas para angariar fundos destinados à proteção internacional da atmosfera. M. J. Grubb, do Royal Institute for International Affairs, propõe a livre distribuição baseada na população adulta. A delegação norte-americana ao IPCC também propôs informalmente uma abordagem da redução do efeito estufa baseada na distribuição de licenças negociáveis. "Discussion papers for February 3, 1990, seminar for IPCC participants", U.S. Department of State.
60. Michael Grubb, "The Greenhouse Effect: Negotiating Targets". Londres: Energy and Environment Programme, The Royal Institute of International Affairs, 1989.
61. O compromisso fazia parte da Estratégia de Desenvolvimento Internacional das Nações Unidas para a Segunda Década de Desenvolvimento. Ver a Resolução 2626 (XXV) da Assembléia Geral, 24 de outubro de 1970.
62. The World Bank, *World Development Report, 1989.*
63. McKinsey & Company, *Protecting the Global Atmosphere*.
64. "Ministerial Declaration of the Second World Climate Conference".
65. "President Bush Lauds Results of Houston Summit". Transcrição da conferência de imprensa do Presidente Bush após o término da reunião de cúpula em Houston. Washington, D.C.: Office of the Press Secretary, 5 de fevereiro de 1990.
66. "Green Taxesm Where There's Muck There's Brass", *Economist,* 314 (17 de março de 1990): 46-47.

Capítulo 5 (pp 123-143)

1. Ver *Environmental Protection and Sustainable Development: Legal Principles and Recommendations adopted by the WCED Experts Group on Environmental Law*. Londres: Graham & Trotman/Martinus Nijhoff, 1987. Para um resumo dos princípios jurídicos, ver o Anexo I de *Our Common Future*. Oxford: Oxford University Press, 1987.
2. *Our Common Future*, frase de abertura.
3. *Report of the International Conference on The Changing Atmosphere: Implications for Global Security,* Toronto, Canadá, 27-30 de junho de 1988. Toronto: Environment Canada, 1988.
4. Para uma outra discussão dos elementos de uma convenção, ver William A. Nitze, *The Greenhouse Effect: Formulating a Convertion, Energy and Environment Programme*. Londres: Royal Institute of International Affairs, 1990.

5. Richard E. Benedick, "The Ozone Protocol: A New Global Diplomacy". *Conservation Fund Letter*, n. 4, 1989.
6. Mostafa Tolba argumenta a favor de caminhos paralelos de negociação mas não chega a insistir em que a conclusão da convenção básica deveria aguardar a negociação bem-sucedida dos protocolos. Ver "A Step by Step Approach to Protection of the Atmosphere", dissertação para os Especialistas em Direito e Administração, Ottawa, 20-22 de fevereiro de 1989, publicada em *International Environmental Affairs*, 1:4 (Outono de 1989): 304-08.
7. R. Bertrand, *Some Reflections on Reform of the United Nations*. Genebra. U.N. Joint Inspection Unit, 1985; ver também *Our Common Future*, Cap. 12.
8. Outros órgãos poderão ser também mencionados: por exemplo, a OMS, que tem obtido repetidos êxitos em saúde ambiental e controle de doenças; a UNESCO, que tem mantido programas de qualidade na administração de oceanos e da água, levou ao estabelecimento de reservas biológicas e lugares de Patrimônio Mundial, e dirigiu e apoiou o programa "Homem e Biosfera" durante vários anos extremamente difíceis.
9. Em 1987, o Comitê de Coordenação Administrativa da ONU relatou que o investimento anual requerido para satisfazer os custos de implementação do PACD era cerca de 1/10 das perdas anuais ocasionadas pela desertificação. Não obstante, concluiu que o mecanismo estabelecido para garantir verbas adicionais para o programa era "marginal e inadequado".
10. *Ibid.*
11. *The Declaration of the Hague*, Environmental Summit, 11 de março de 1989.
12. Bertrand, *Some Reflections on Reform of the United Nations*.
13. McKinsey & Company, "Protecting the Global Atmosphere: Funding Mechanisms", Relatório para a Conferência Ministerial sobre Poluição Atmosférica e Mudança Climática, Noordwijk, Holanda, novembro de 1989.
14. Jim MacNeill e Bob Munro, " From the Margins to the Mainstream: 1972-1992". *EcoDécision*. Primavera, 1991.

Agradecimentos

Em fins de 1988, a Comissão Trilateral solicitou a Jim MacNeill que chefiasse uma força-tarefa sobre meio ambiente e desenvolvimento e redigisse um relatório para a reunião de 1990 dessa comissão. Ele concordou e no começo de 1989 consultou-se com Pieter Winsemius e Taizo Yakushiji, que seriam ulteriormente convidados para juntar-se à força-tarefa como co-autores. Embora Jim MacNeill fosse o arquiteto e autor principal do relatório, Pieter Winsemius e Taizo Yakushiji deram significativas contribuições do começo ao fim. A principal colaboração de Pieter Winsemius foi para os capítulos 4 e 5, a de Taizo Yakushiji para o capítulo 3.

O autor e os co-autores contraíram uma dívida especial com Edward Parson e, como prova de nosso apreço, decidimos reconhecê-lo como autor associado. Edward (Ted) Parson está completando seu Ph.D. em administração pública na John F. Kennedy School of Government da Universidade de Harvard. Ele começou trabalhando neste projeto como assistente de pesquisa para Jim MacNeill mas sua profundidade de conhecimentos, experiência e entusiasmo habilitaram-no a dar significativas contribuições para todos os aspectos do trabalho. Dado o seu *background*, isso não era surpreendente. Edward Parson foi educado nas universidades de Toronto (licenciatura em física, 1975) e Columbia Britânica (mestrado em ciência administrativa, 1981), e exerceu funções docentes em matemática, computação, estatística e microeconomia. Foi consultor do Center for Clean Air Policy em Washington, do Gabinete do Conselho Privado do Governo do Canadá e do Escritório de Avaliação Tecnológica do Congresso dos Estados Unidos. É autor de numerosos ensaios e escreveu um compêndio para o estudo de matemática por correspondência. Os autores estão gratos por sua associação e contribuição.

O autor e os co-autores são, é claro, inteiramente responsáveis pela análise e as conclusões em *Para Além da Interdependência*, mas foram ajudados por grande número de pessoas ao longo de muitos meses e desejam expressar um agradecimento especial a todas elas. Fizeram consultas a especialistas em Londres, Tóquio, Paris e Nova York. Em Paris, Pieter Winsemius discutiu aspectos do relatório com os seguintes indivíduos: Huguette Bouchardeau, ex-ministro francês do Meio Ambiente; Jean Deflassieux, presidente da Banque pour le Développement des Echanges Internationaux; François de Rose, embaixador e ex-representante permanente da França na OTAN; Ignacy Sachs, professor da École des Hautes Études em Sciences Sociales (EHESS); e Simone Weil, membro e ex-presidente do Parlamento Europeu e ex-ministro do governo francês.

Em Tóquio, os autores reuniram-se com os seguintes especialistas: Wakako Hironaka, diretor do Comitê Especial sobre Meio Ambiente da Câmara de Conselheiros japonesa (Komeito); Koji Kakizawa, membro da Dieta Japonesa e ex-vice-ministro parlamentar para o meio ambiente; Takashi Kosugi, diretor do Comitê Permanente sobre Meio Ambiente da Dieta japonesa, assim como diretor da divisão do Meio Ambiente do Conselho de Pesquisas sobre Programas de Ação Política do Partido Liberal Democrático, e ex-vice-ministro parlamentar para o meio ambiente; Yoshio Okawara, presidente suplente da Comissão Trilateral, assessor executivo da Keidanren (Federação das Organizações Econômicas do Japão) e ex-embaixador japonês nos Estados Unidos; Saburo Okita, presidente do Instituto para Estudos de Política Interna e Internacional, presidente da Conferência de Tóquio sobre Meio Ambiente Global e Respostas Humanas para um Desenvolvimento Sustentável, e ex-ministro de Relações Exteriores; e Masayoshi Takamura, diretor do Comitê Permanente sobre Meio Ambiente da Dieta Japonesa.

Os seguintes indivíduos, com quem o autor e os co-autores se reuniram em Nova York, examinaram detidamente e — num nível pessoal — forneceram úteis e perspicazes opiniões a respeito de um primeiro rascunho do manuscrito: Jesse H. Ausubel, diretor de estudos da Carnegie Commission on Science, Technology and Government (Nova York); Daniel Estey, assistente especial do administrador, U. S. Environmental Protection Agency (Washington, D.C.); Jessica Tuchman Mathews, vice-presidente do World Resources Institute (Washington, D.C.); Michael Oppenheimer, cientista-chefe do Environmental Defense Fund (Nova York); Stephen H. Schneider, diretor de Interdisciplinary Climate Systems do National Center for Atmospheric Research (Boulder, Colorado); Chris Spencer, conselheiro sênior do International Organizations Bureau do Ministério de Negócios Estrangeiros canadense (Ottawa); e Bernard Wood, diretor do Institute on International Peace and Security canadense (Ottawa).

O autor e os co-autores expressam seu reconhecimento às seguintes personalidades: Jim Bruce, presidente do Canadian Climate Protection Board (Ottawa, Canadá) e ex-secretário-geral em exercício da Organização Meteorológica Mundial; Charles Caccia, membro do Parlamento e ex-ministro canadense do Meio Ambiente, e David J. R. Angell, que examinaram um rascunho ulterior do manuscrito e forneceram numerosas e úteis opiniões; Bob Munro, consultor sobre política ambiental e desenvolvimento em Nairobi, que trabalhou com o autor num projeto afim, relacionado com a "Eco-92", e Chris Spencer, que foi de uma ajuda inestimável no fornecimento de referências bibliográficas acerca da série rapidamente prolífera de conferências internacionais que se realizaram durante os últimos meses de trabalho neste livro.

A Comissão Trilateral examinou um rascunho do relatório em sua reunião em Washington, D.C., de 22 de abril de 1990. Numerosos membros comentaram-no oralmente — e depois por escrito — e o autor e co-autores desejam agradecer a todos eles. Têm uma especial dívida de gratidão para com Charles B. Heck, Paul Révay e Tadashi Yamamoto, respectivamente os diretores norte-americano, europeu e japonês da Comissão Trilateral, e ainda para com Andrew V. Frankel, o diretor-adjunto norte-americano. Essas pessoas eram, ou pareciam ser, onipresentes, fornecendo conselhos sobre a obra, organizando reuniões e consultas, e oferecendo incentivo e proveitosos comentários sobre a nossa análise e recomendações finais. Sem eles, a obra não poderia ter sido concluída.

O autor deseja agradecer o apoio de muitas pessoas do Institute for Research on Public Policy: Peter Dobell, vice-presidente, foi quem o persuadiu a empreender a tarefa; e David Runnalls, diretor do Programa sobre Meio Ambiente e Desenvolvimento Sustentável, esteve sempre disposto a dar cobertura às suas ausências. Também agradeço a Jeffrey Holmes, diretor de comunicações, pela sua revisão sistemática do texto final.

Por último, o autor tem uma dívida de gratidão para com sua esposa, Phyllis MacNeill, por sua inabalável paciência na leitura e proveitosos comentários sobre os repetidos rascunhos do texto à medida que iam sendo retirados do seu computador.

Sobre os Autores

Jim MacNeill é secretário-geral da *World Comission on Environment and Development* (*Brundtland Commission*) e o principal arquiteto e autor do seu aplaudido relatório, *Our Common Future*. É o presidente de MacNeill & Associates e membro do conselho do *Institute for Research on Public Policy* em Ottawa. Antes de ingressar na *World Commission* em 1984, foi durante seis anos diretor de Meio Ambiente da OCDE. O Sr. MacNeill serviu por dois anos como comissário geral e embaixador extraordinário e plenipotenciário do Canadá para a Conferência das Nações Unidas sobre Habitat Humano, realizado em Vancouver em 1976. Entre 1972 e 1976, foi secretário-adjunto e depois secretário permanente (vice-ministro) no Ministério de Estado para Assuntos Urbanos do governo canadense. Antes, exercera as funções de conselheiro especial sobre a constituição e meio ambiente no gabinete do Premier Pierre Trudeau. Nessa época, foi autor de um trabalho original publicado com o título "Environmental Management in Canada" e desempenhou papel destacado nos preparativos canadenses para a Conferência das Nações Unidas sobre Meio Ambiente Humano, realizada em 1972 em Estocolmo (Suécia). Ainda anteriormente, exerceu responsabilidades federais na área de recursos hídricos e renováveis do Canadá, incluindo os recursos marítimos canadenses. O Sr. MacNeill iniciou sua carreira em Saskatchewan em 1952 como economista da *Economic Advisory and Planning Board* da província. Foi mais tarde nomeado diretor executivo da *South Saskatchewan River Development Commission* e veio a ser o primeiro diretor da *Saskatchewan Water Resources Commission*. O Sr. MacNeill é diplomado em Ciências (matemática e física) (1949) e Engenharia mecânica (1958) e Doutor *honoris causa* em Direito pela Universidade de Saskatchewan; é diplomado em Economia e Ciência Política pela Universidade de Estocolmo (1951). É autor de numerosos artigos, livros e relatórios, e membro da diretoria de vários institutos no Canadá e nos Estados Unidos.

Pieter Winsemius é diretor de McKinsey & Company em Amsterdã. Foi anteriormente Ministro da Habitação, Planejamento Físico e Meio Ambiente do governo holandês de 1982 a 1986. Como ministro, presidiu a Conferência Ministerial da OCDE sobre Meio Ambiente e Economia, realizada em Paris em 1984. O Sr. Winsemius é diplomado em Física pela Universidade de Leiden na Holanda. Enquanto trabalhava em sua tese de doutorado (que concluiu em 1973), foi empregado pela Fundação para Pesquisa Fundamental sobre Matéria (F.O.M.). Depois de obter o mestrado em Administração de Empresas na *Stanford University*, ingressou na McKinsey & Company, da qual se tornou sócio em 1980. Suas responsabilidades atuais na McKinsey incluem uma concentração especial nas implicações estratégicas e organizacionais dos desenvolvimentos tecnológicos e questões ambientais, especificamente uma proposta internacional para limpar o rio Reno até as suas nascentes, a administração de lixos químicos e, mais recentemente, o aquecimento global. O Sr. Winsemius é autor de numerosas publicações sobre o meio ambiente, incluindo *Guest in Our Own Home* (1986, em holandês), que foi largamente aplaudido na imprensa ambiental e empresarial. Preside atualmente a Sociedade para a Conservação da Natureza da Holanda.

Taizo Yakushiji é professor de tecnologia e relações internacionais na Escola de Graduação em Ciência Administrativa da Universidade de Saitama (Japão). Diplomou-se na Universidade de Keio em Engenharia Elétrica, na Universidade de Tóquio em História e Filosofia da Ciência e obteve o doutorado em Ciência Política do *Massachusetts Institute of Technology*. Estudou nos Estados Unidos como bolsista das Fundações Fulbright e Ford (1970-75). Foi pesquisador visitante da *Berkeley Roundtable on the International Economy* e do Departamento de Ciência Política da Universidade da Califórnia em Berkeley de 1984 a 1985. Foi escolhido como um dos Jovens Líderes da Ásia em 1988 pelo U.S.—Asia Institute em Washington, D.C. O Sr. Yakushiji participou em numerosos projetos de pesquisa internacional e realizou conferências sobre a indústria automóvel, política científica e tecnológica, cooperação internacional, tecnologias de uso dual, e política de comunicação. Escreveu numerosos artigos e livros em inglês e japonês. Suas publicações incluem *Reshuffling Firms for Technology*? (1984), *The American and Japanese Auto Industries in Transition* (1984), *Policy, Corporate Ideology and the Auto Industry* (1986), *The Politicians and the Bureaucrats* (1987, em japonês), *The Politics of High Technology* (1988), *The Techno-Hegemony* (1989, em japonês), e *Europe and Japan Facing High Technologies* (1989).

Índice de nomes e assuntos

N.B. Os números de página *em itálico* referem-se a págs. com figuras